金丹　宋春光◎著

FIVE DIMENSIONS OF
CRIMINAL LAW CASE STUDIES

刑法案例研习的五个维度

法律出版社 | LAW PRESS
北京

图书在版编目（CIP）数据

刑法案例研习的五个维度 / 金丹，宋春光著. 北京：法律出版社，2025. -- ISBN 978-7-5244-0130-8

Ⅰ. D924.05

中国国家版本馆 CIP 数据核字第 20258W11E6 号

刑法案例研习的五个维度
XINGFA ANLI YANXI DE WU GE WEIDU

金 丹
宋春光 著

策划编辑 李沂蔚
责任编辑 李沂蔚
装帧设计 鲍龙卉

出版发行 法律出版社
编辑统筹 法律应用出版分社
责任校对 王晓萍 裴 黎
责任印制 刘晓伟
经 销 新华书店

开本 A5
印张 4.5 **字数** 92 千
版本 2025 年 9 月第 1 版
印次 2025 年 9 月第 1 次印刷
印刷 北京建宏印刷有限公司

地址：北京市丰台区莲花池西里 7 号（100073）
网址：www.lawpress.com.cn
投稿邮箱：info@lawpress.com.cn
举报盗版邮箱：jbwq@lawpress.com.cn

销售电话：010-83938349
客服电话：010-83938350
咨询电话：010-63939796

书号：ISBN 978-7-5244-0130-8
定价：45.00 元

凡购买本社图书，如有印装错误，我社负责退换。电话：010-83938349

前　言

法学是一门实践性较强的学科。要跨越法学理论与司法实务之间的鸿沟,就离不开实务案例的研习。法学教育应当兼顾理论知识与实践应用,但当下仍采用以理论讲授为核心的课程设计,通过单向灌输式教学和碎片化案例展开,致使司法实务训练较为薄弱。本书基于笔者十余年一线检察实务经验的总结,凝练提出刑法案例研习的五个维度:刑事司法政策的考量、普遍联系思维适用法律、系统性思维适用法律、刑法案例解析能力的逻辑路径培育,以及程序性思维的运用。通过对实务案件研习五个维度的分析,从而实现法律适用的全面性、逻辑性、严谨性。

第一,法律适用应重视刑事司法政策的影响。这一维度体现在,刑事司法政策体现出一段时期国家的治理目标,其制定与调整以特定的社会背景、社会现状为基础,刑事司法政策必然会随着社会发展的特定状况而发生改变。法律的功能与价值离不开社会发展和变革,因此,法律适用不可避免地受到刑事司法政策的影响。刑事司法政策成为实际指导办案的导向,宽严相济的司法总基调既体现以人为本的慎刑思想,也与刑法谦抑性原则息息相关。坚持宽严相济的司法总基调,能够使刑罚的适用更趋轻缓,同时促进法律适用兼具社会治理功效。

第二,普遍联系思维适用法律的维度,要求司法权行使遵循唯物辩证法的联系与发展规律，与社会发展相协调，以推动国家治理现代化，彰显司法与时俱进的特质。我国现阶段普遍联系思维适用法律的阻碍因素主要表现为脱离客观实际机械性司法，导致“案结访起”现象时常出现，因此尤为必要。以普遍联系性思维适用法律作为一种划时代性司法理念，其内涵就是司法权应保持联系性、发展性的运行方式，司法机关在适用法律过程中，应注重事物之间的联系性，通过法律解释规则、解释方法的运用主动拓展司法功能，重视在司法程序中实质化解决纠纷，实现案件政治效果、社会效果与法律效果相统一。

第三，系统性思维是法律适用中极为重要的司法维度，涉及体系性思维与法律解释规则如何运作等问题。静止的法律条文进入动态的法治，系统性思维就是关键枢纽。具体言之，就是要让法律条文活在法典里，从整个法典的系统性层面去理解和适用法条；要让法律条文活在法学理论里，要用逻辑自洽的法学理论去理解和适用法条；要让法律条文活在百姓的生活里，法律适用要尊重生活常识与风俗习惯，避免知识的傲慢与脱离实际；要让法律条文活在统一的法秩序里，法律适用应当与国家的整个法律制度体系的价值相和谐。当前司法实务中，阻碍系统性适用法律的情形主要表现为片面、孤立地机械性范式化适用法律，因此，应借助罪过位阶论、法律解释规则、法秩序统一性原理以及民刑程序间的调和等路径，构建法律适用的系统性思维。

第四，刑法案例解析能力的路径维度表现为法律适用过程的可视化分解。刑法教义学的规范性、刑事责任认定的逻辑性以及法秩序价值的同一性等因素，决定了刑法案例的解析应当是具有体系性、规范化和程式化的范式。借鉴德国案例分析法的“程式化演绎”，在我国刑法案例解析能力的培育中，通过“不法＋有责”两阶层犯罪论训练有逻辑、有层次性的法律思维，养成围绕案件焦点问题、对抗性的说理能力，并熟练掌握在纷繁复杂的证据材料中，发现、捕捉、解决问题的能力。刑法案例解析能力还应当重视理论与实践的关系，实践需要原创性理论，理论的来源则是日益变化的实践。法学作为人文社会科学的一门分支，具有极强的实践性，法学理论的历史嬗变以及理论逻辑离不开实践经验的总结与丰富，司法实践不断地发生变化，法学理论必须随之与时俱进，法学理论指引司法实务的方向，司法实务则促进法学理论的丰富与完善。

第五，重视程序性思维的维度要求法律适用不能偏离程序法的形式理性和价值中立性。现代法学理论中，程序正义是一个永恒的话题，程序性法律是为保障实体法律公平、公正、效率实现的各种法律规定，是为保护当事人各种权利而执行的一系列附属规则。随着我国进入轻罪时代，采用重视程序性思维适用法律要求司法实务中应当减少逮捕、审慎提起公诉以及审慎适用审前羁押，通过规范化适用刑事证据规则、重构认罪认罚从宽制度以及探索扩大不起诉适用范围的路径实现程序法思维。程序法治已然成为中国特色社会主义法治理论的重要组成部分，是践行人权保障的重要路径，程序法的保障性意义在法律实施中尤为重要。

刑法案例研习的五个维度是一种有机的运行机制，重视刑事司法政策是法律适用的政策导向，能够确保案件办理兼顾人权保障与法益保护的机能，确保案件实现政治效果、社会效果与法律效果相统一；普遍联系性适用法律、系统性适用法律的维度是法律适用永葆生命力、实现案件公平正义的方法和路径；刑法案例逻辑解析能力能够实现法律适用的体系性、规范化和程式化，保证法律适用的稳定性、同一性；程序性思维是法律适用践行刑事司法政策、实现形式理性和价值中立性的手段和路径。刑法案例研习的五个维度有机统一，是一种基于法律逻辑的理性适用方式，通过五个维度的适用对刑法案件进行分析、综合、权衡、判断、推理，实现以法律价值为目标导向，以法律规则为中心，限制权力保障权利，坚持程序正当，实现法律适用的实质性公平正义。

目 录

CONTENTS

第一章
CHAPTER ONE

重视刑事司法政策对法律适用的影响

刑事司法政策体现了一段时期国家的治理目标，刑事司法政策的制定与调整以特定的社会背景、社会现状为基础，刑事司法政策必然会随着社会发展的特定状况而发生改变。法律的功能与价值离不开社会发展和变革，因此，法律适用不可避免地受到刑事司法政策的影响。现阶段我国已进入轻罪时代。轻罪时代以我国传统德主刑辅的慎刑思想为基础，在此基础上进一步强调全面准确贯彻宽严相济的刑事政策。

第一节

我国传统慎刑思想对现代司法的影响

我国儒家传统文化提出的德主刑辅的慎刑思想，强调治理应注重对人本身的教化，而非以惩罚为目的，缺少教化的惩罚毫无意义。慎刑思想对现代司法理念与政策具有重要指导意义。

一、慎刑思想的渊源

首先，慎刑思想古已有之。中华法系作为世界五大法系之一，在法制史中发挥着重要的作用。时至今日，中华法系中的诸多司法理念仍然对我国法治发展有深远影响。我国自古就存在慎刑观念。这一观念发轫于西周，形成于春秋战国，在汉代又受儒家思想与阴阳学的影响而系统化为德主刑辅，至盛唐趋于成熟，最终演变为德礼为政教之本，刑罚为政教之用的完整理论。

其次，以人为本为中华文明的精神之一。中华民族作为礼仪之邦，中华文明的思想坚持以人为本，教化为先。正如《论语 · 卫灵公篇》所言“有教无类”①，强调了教育的普遍性，无论何人，都应是教化的对象。这一思想运用到现代刑事司法当中，就意味着一个人在犯罪之前应当受到教育，犯罪之后也应当接受教育，而不是单纯接受惩罚，惩罚的本质也应当是教化犯罪者和警醒世人，而这一教育过程自然包括犯罪者本人。

---

① 陈晓芬、徐儒宗译注:《论语 · 大学 · 中庸》，中华书局 2011 年版，第 183 页。

最后,“重预防,治未病”是刑事司法之上策。《鹖冠子》中记载,春秋战国时期,魏文王问扁鹊家中三兄弟谁人医术最好,扁鹊称:“长兄最善,中兄次之,扁鹊最为下。”长兄能治未病,虽名气未曾远扬,但其医术才是真正的高超。类推而用,在刑事司法中,高明的司法者应当注重犯罪预防和犯罪化解,而非一味地注重刑事打击。刑事司法者如果放弃了犯罪预防,只注重刑事打击则不可称之为善。

二、传统慎刑思想对我国现代司法的影响

以古鉴今,慎刑哲学思想蕴含着深厚的中华文化内涵,对我国现代刑事司法具有重要的指引作用。

第一,慎刑思想符合我国传统德主刑辅的价值观。我国《刑法》与《刑事诉讼法》均在其立法目的与任务中明确指出,惩罚犯罪、保护人民是其核心宗旨。这也是德主刑辅的慎刑思想在我国刑事法律条文中的重要体现。刑事法律打击的是违法犯罪行为,保护的是人民合法权益,同时,刑法也保护包括犯罪行为人在内的基本人权。因此,我国刑法坚持惩前毖后、治病救人的宗旨,以教育改造为先。基于人权保障原则,对违法犯罪行为人实施惩罚的同时,始终注重其教育与改造。

第二,慎刑思想有利于矛盾纠纷的化解。刑事法律的本质在于公平、公正、高效惩处犯罪以及处理当事人间的矛盾,畸轻畸重的刑事打击难以取得良好的法律效果与社会效果。慎刑思想指导之下的刑事和解制度、认罪认罚从宽制度及未成年人法律保护机制,均有利于矛盾化解和刑事司法的人权保障。

第三,慎刑思想符合现代社会的司法理念。“治乱世用重典”意味

着，唯有当社会不稳定时，才会施行严厉的刑事司法政策。建党百年来，新中国经过不断地开拓进取，社会经济发展取得了举世瞩目的成绩，社会安全稳定态势不断提升。由此，我国刑事司法政策应当符合当前和未来一段时间的社会发展现状，采取更有利于增强人民群众幸福感、安全感的司法方式，以适应当前阶段社会发展的需要。

主张"以德为主，以刑为辅"的传统慎刑思想，对我国现代司法理念和刑事政策的形成具有重要指导意义，包括"以人为本"的司法理念、"治理与治罪并重"的司法适用原则以及宽严相济的刑事政策。

第二节

轻罪时代宽严相济刑事政策对法律适用的影响

宽严相济刑事政策自2006年10月通过《中共中央关于构建社会主义和谐社会若干重大问题的决定》确定为我国基本刑事政策以来，经过十余年的解读、贯彻，其内涵、意义已获得普遍认同。与此同时，我国已迈入轻罪时代，犯罪类型与形态都发生了显著变化。轻罪治理需统筹打击重点犯罪与民生保障、未成年人保护等多重目标，全面贯彻宽严相济刑事政策，突出以人为本的慎刑思想。

一、轻罪时代现状

1997 年《刑法》所设罪名中，轻罪的比例约为 1/5。其中，主刑法定最高刑为 3 年有期徒刑的罪名有 68 个，主刑法定最高刑为 2 年有期徒刑的罪名有 9 个，主刑法定最高刑为 1 年有期徒刑的罪名有 2 个。截至 2025 年，12 部《刑法修正案》，其中增设了多项轻罪。每年判处 3 年有期徒刑以下刑罚的轻罪案件在全国生效刑事判决案件中的占比不断上升，其中帮助信息网络犯罪活动罪、危险驾驶罪、盗窃罪等轻罪案件占比激增，已成为我国刑事案件排名前三的高发罪名。

轻罪治理模式应结合打击重点犯罪与保障民生、保护未成年人等多维度目标，全面贯彻宽严相济的刑事政策。司法实务界及法学理论界近年来探索制定并适用了一系列配套法律制度，比如从预防性犯罪治理的法律构建路径出发，提出以下举措：(1) 强化轻罪预防机制：构建多维度犯罪防范机制、完善社区矫正制度；(2) 完善轻罪处罚体系：实质化适用认罪认罚从宽制度、构建多元化纠纷解决机制；(3) 优化法律适用效果：推动扩大相对不起诉以及附条件不起诉的适用范围，兼顾效率与人性化。

二、宽严相济刑事政策全面准确贯彻的路径

随着国家发展进入新时代，社会主要矛盾发生了变化，人民群众对法治公平正义有了新需求，宽严相济刑事政策也应与之相匹配。

（一）宽严相济刑事政策总体基调的时代背景

2006年10月，《中共中央关于构建社会主义和谐社会若干重大问题的决定》将宽严相济刑事政策确定为我国基本刑事政策。意大利法学家贝卡利亚曾说过，“刑罚的目的既不是要摧残折磨一个感知者，也不是要消除业已犯下的罪行”，“刑罚的目的仅仅在于：阻止罪犯再重新侵害公民，并规诫其他人不要重蹈覆辙”。①

首先，社会高速发展，犯罪结构发生变化。改革开放以来，我国经济社会保持长期稳定持续发展，刑事犯罪结构也随之发生重大变化，严重暴力犯罪比例大幅下降，轻罪案件数量大幅攀升。在推进国家治理体系和治理能力现代化，深入贯彻宽严相济刑事政策，重视人权保障的时代背景下，全面贯彻宽严相济刑事政策尤为重要。

其次，机械性司法问题严重，由此产生诸多弊病。中华人民共和国成立初期存在的重打击、轻保护的刑事司法倾向，虽在一定程度上符合当时的社会治理要求，但随着社会的发展进步，公众对公平正义提出了更高要求。过去那种重打击、轻保护的理念以及机械性司法的方式，已难以适应当代司法需求。最高人民检察院的检察工作报告中就曾提出，执法理念要与时俱进、常思常新，因为社会是发展的，司法办案总会遇到新情况。相对于人民群众在新时代对民主、法治、公平、正义、安全、环境等方面日益丰富且更高的要求，检察官就案办案的理念无疑

---

① ［意］切萨雷·贝卡利亚：《论犯罪与刑罚》，黄风译，北京大学出版社2008年版，第29页。

是远远不够的①。2018 年最高人民检察院工作报告又披露了一批重大冤假错案，如聂树斌案、呼格吉勒图案等案件，检察机关通过案件倒查，对审查逮捕、审查起诉环节把关不严的情况进行责任追究，并吸取经验教训。由此可见，机械化的司法极易导致冤假错案，重打击、轻保护的执法理念已不再适应现代的法治需求。

最后，在以审判为中心的司法改革中，案多人少的问题日益突出。随着以审判为中心、员额制等司法改革的推进，进入法庭审理阶段的刑事案件数量激增，进一步加剧了这一矛盾。我国刑事犯罪结构的变化以及司法理念的转变，使得部分案件无须进入庭审阶段即可终结。通过认罪认罚从宽制度的全面实施以及轻罪不起诉制度的探索，轻微刑事案件在侦查、起诉环节便能获得终局性处理。

（二）宽严相济刑事政策的理论基础

宽严相济刑事政策的理论依据主要有无罪推定原则、比例原则以及正当程序原则。

首先，无罪推定原则。“无罪推定原则的核心理念，是任何人未被证实且被法院判决有罪之前，都应被推定为无罪。在此原则要求之下，必然要求控诉方承担证实犯罪达到刑事诉讼法定证明标准的责任，同时赋予被告人不自证其罪的权利，还要求给予犯罪嫌疑人、被告人人道待遇，包括限制强制措施的适用。”②我国《刑法》条文中明确规定“未经法院审

---

① 参见最高人民检察院：《关于检察工作的若干问题》，载《国家检察官学院学报》2019 年第 5 期。

② 龙宗智：《存疑有利于被告原则及司法适用》，载《中国法学》2024 年第 1 期。

判，不得确定有罪”，这是无罪推定原则在我国《刑法》条文中的具体体现。由此可见，在法院判决之前，任何人是不能被认定有罪的，那么对无罪的人进行羁押，除非有法律的明确规定，否则就缺少了羁押的合法性基础。

其次，比例原则。比例原则的核心功能是在公法领域限制公共权力、保障个人权利。我国《刑事诉讼法》规定，为保障诉讼的顺利进行，可以采取限制或者剥夺人身自由的强制措施。但是，强制措施的功能在于保障诉讼的顺利进行，其适用不能超过合理比例。这种比例原则的考量应当包括人身自由、人权保障、侦查必要性等因素。超出比例限度的法律适用可能导致执法人员滥用刑罚裁量权，进而侵害行为人的基本人权。

最后，正当程序原则。贝卡利亚认为，一个没有被确定有罪的被告，尽管因为证据不足而被释放，然而只要为其犯罪规定的时效还没有过，其就有重新遭受逮捕和审查的可能。由此可见，程序的正义分为两种：一是证据是否充足是被告羁押与否的重要条件，对于证据不足的案件，被告人应当被释放；二是犯罪侦查应当及时开展，对于超出时效的案件，则应当注重保障当事人的人身自由。因此，正当程序原则是保障犯罪嫌疑人诉讼权利、实现实体法公正的基础。

（三）宽严相济刑事政策全面准确实施的体现

中华人民共和国成立后，毛泽东主席曾提出“少捕、少杀”的刑罚适用方针。从1979年《刑事诉讼法》制定到1996年的修正，刑事案件办理程序中均体现出监督制约、宽严相济的思想。2010年最高人民法院发布

《关于贯彻宽严相济刑事政策的若干意见》,提出贯彻宽严相济刑事政策,要根据犯罪的具体情况,实行区别对待,做到该宽则宽,当严则严,宽严相济,罚当其罪。① 轻罪治理模式下,宽严相济刑事司法政策在保持对严重犯罪高压态势的同时,注重民生保护、未成年人权益保障及程序公正,体现了打击与保护并重、实体与程序兼顾的治理思路。

宽严相济刑事政策的全面准确实施,应坚持对五类重点犯罪严厉打击,一是危害国家安全犯罪,包括可能涉及与境外组织进行非法财物往来、利用加密跨境社交工具从事危害国家安全活动的行为。二是严重暴力犯罪,包括涉黑、涉毒、故意伤害、杀人、强奸、巨额诈骗等案件将从严从快处理,量刑加重且严格控制减刑。三是影响群众安全感的犯罪,如拐卖妇女儿童、聚众斗殴、入室抢劫等,原则上不适用缓刑,一律判处实刑。四是网络犯罪,包括网络赌博、电信诈骗、网络暴力、侮辱诽谤等,强化证据留存与刑事立案标准,打击范围延伸至小区业主群等情形。五是破坏市场经济秩序犯罪,包括制假售假、非法集资、偷税漏税等行为面临更严格的侦查力度,尤其加强对金融、房地产领域犯罪风险的防范。

宽严相济刑事政策的全面准确实施,应注重保障民生与未成年人特殊保护。民生领域的司法保障主要体现在以下三点:一是打击民生犯罪,包括严惩生产销售伪劣商品、危害食品药品安全犯罪,2024 年检察机关起诉 3.6 万余人。最高人民检察院督办典型案例,如油罐车运输食用油案、天津假防火玻璃案,强化公益诉讼监督。二是加强社保与医保的司法保护,2024 年检察机关起诉医保诈骗 4600 余人,最高人民检察院会

① 参见最高人民法院《关于贯彻宽严相济刑事政策的若干意见》。

同最高人民法院、公安部印发《关于办理医保骗保刑事案件若干问题的指导意见》,加强医保基金违法违规问题专项监管。三是加强对弱势群体权益的司法保障,2024 年检察机关支持农民工起诉 3.8 万件,追讨欠薪 10 亿余元;涉养老诈骗案件检察机关起诉 1700 余人,多维度保障老年人权益。加强对未成年人的司法保护主要体现在,一是坚持未成年人犯罪从宽处理,坚持教育、感化、挽救方针,校园霸凌等案件短期内不会加重处罚,但需加强家庭保护教育。二是对侵害未成年人犯罪从严打击,2024 年检察机关起诉侵害未成年人犯罪 5.5 万余件,2025 年将推动罪错行为分级干预和低龄暴力犯罪追诉机制,重点整治电竞酒店违规接待未成年人等问题。

宽严相济刑事政策的全面准确实施,在量刑与执行环节主要表现为以下方面:一是量刑规范化,根据相关司法解释,量刑需综合考虑犯罪事实、社会危害及被告人责任。例如,基准刑的确定需结合犯罪构成事实,并通过量刑情节调节。二是减刑、假释从严,对职务犯罪、黑社会性质组织犯罪等,严格限制减刑起始时间、间隔及幅度;被判处终身监禁的贪污受贿罪犯不得减刑、假释;死缓期间故意犯罪者减刑受限。三是扩大假释适用,对改造表现良好、社会危险性低的罪犯优先适用假释,结合社区矫正制度优化执行效果。

三、宽严相济刑事政策对法律适用的影响

(一)宽严相济刑事政策促进法律适用尊重与保障人权

2004 年"国家尊重和保障人权"写入宪法,是我国人权保障事业的标志性事件。尽管我国刑事法律中明确规定尊重与保障人权,对人身自由

的限制应当遵循正当程序，并禁止任意限制或剥夺人身自由的行为，但是司法实务中仍存在权力滥用和执法不规范的情形，人身自由的剥夺具有较高随意性。宽严相济刑事政策能够推动法律适用以人为本、尊重人权，有助于纠正司法理念中的偏差，从而保障法律的正确实施。

在宽严相济刑事司法政策的影响下，司法更加注重人权保障，比如检察机关对提起公诉的案件更加注重行为社会危险性的判定，并对犯罪情节轻微的刑事案件作出酌定不起诉决定。根据最高人民检察院官方网站公布的数据，我国的不起诉率在逐年上升，2020 年后增速明显。2020 年，全国检察机关决定不起诉 24.9 万人，同比上升 31%，不起诉率为 13.7%，同比增加 4.2 个百分点；2021 年，全国检察机关决定不起诉 34.8 万人，同比上升 39.4%，不起诉率为 16.6%，同比增加 2.9 个百分点；2022 年，全国检察机关不起诉 51.3 万人，不起诉率达到 26.3%。从犯罪数据可知，全国检察机关决定不起诉的人数由 2020 年的 24.9 万人上升至 2022 年的 51.3 万人。① 刑罚作为最为严厉的处罚手段，其法律

① 2020 年，全国检察机关决定不起诉 24.9 万人，同比上升 31%，不起诉率为 13.7%，同比增长 4.2 个百分点。参见《2020 年全国检察机关主要办案数据》，载最高人民检察院，https://www.spp.gov.cn/spp/xwfbh/wsfbt/202103/t20210308_511343.shtml#1。2021 年，全国检察机关决定不起诉 34.8 万人，同比上升 39.4%，不起诉率为 16.6%，同比增长 2.9 个百分点。参见《2021 年全国检察机关主要办案数据》，载最高人民检察院，https://www.spp.gov.cn/spp/xwfbh/wsfbt/202203/t20220308_547904.shtml#1。2022 年，全国检察机关不起诉 51.3 万人，不起诉率达到 26.3%。参见《2022 年全国检察机关主要办案数据》，载最高人民检察院，https://www.spp.gov.cn/xwfbh/wsfbt/202303/t20230307_606553.shtml#1。

后果呈现出极为明显的“水波效应”①,受过刑罚处罚的行为人,其本人的就业、生活等方面都会受到不同程度的影响,甚至其子女的升学以及特殊岗位的就业也会受到一定限制。因此,对于行为危险性不大、社会危害性较小、情节轻微的刑事案件,以酌定不起诉的方式作程序性处理,既能够实现罚责相当,又能避免行为人后续生活、就业等受到影响,从而兼顾法益保护与人权保障的刑法价值。2024 年 7 月 18 日二十届三中全会通过的《中共中央关于进一步全面深化改革　推进中国式现代化的决定》第 9 条第 35 项明确提出“建立轻微犯罪记录封存制度”。这一制度是继未成年人犯罪封存制度之后又一项前科消灭制度。这一决定标志着我国轻微犯罪前科消灭制度迈出了重要的一步,更是人权保障权能的法治化体现。

(二)宽严相济刑事政策促进司法更加轻缓化

受宽严相济刑事政策影响,轻罪时代的立法与司法呈现出轻缓的特点。降低审前羁押比例就是近年来较为典型的体现司法轻缓化的法律制度。

近年来,我国审前羁押比例处在高位,并持续呈现高增长态势。而域外的审前羁押比例,无论是羁押人数还是羁押期限,均呈现出轻缓化的态势。在审前羁押人数上,根据伦敦大学犯罪与司法政策研究所 2020 年 4 月 2 日发布的《世界审前羁押清单(第四版)》,在纳入研究的国家和地区中,52% 的未决羁押率低于每 10 万人口 40 人,样本国家或地区的均值为 38 人。关于审前羁押期限,很多国家对此有严格限制。2013 年至

---

① 刑罚的“水波效应”是指惩罚罪犯对其他人(与犯罪行为无涉,但与罪犯存在某种社会关系的第三人)可能产生的不利影响。参见叶良芳:《美国法人审前转处协议制度的发展》,载《中国刑事法杂志》2014 年第 3 期。

2017 年,我国检察机关共批捕各类刑事犯罪嫌疑人 453.1 万人,较前 5 年下降 3.4%;起诉 717.3 万人,较前 5 年上升 19.2%。

通过上述数据对比分析,我们可以发现现阶段我国刑事案件审前羁押存在高羁押率问题,宽严相济的刑事司法政策为审前羁押率的降低提供了有力支撑。

首先,宽严相济刑事政策的从宽表现即为减少审前羁押,这是世界范围内的通行做法,从域外一些国家审前羁押的数据分析可见,这些国家均注重降低审前羁押比例。羁押人数和期限的减少既未影响诉讼程序的正常进行,也未引发再犯罪等社会问题,同时还能缓解羁押场所资源和管理压力。在借鉴域外经验做法的基础上,结合我国刑事诉讼实际,可以探索适用非羁押人员管控系统、非羁押监管平台等数字化措施,并积极引入社会化管控机制,作为审前羁押的替代性措施。

其次,审前羁押数量的减少,包括羁押人数和羁押时间的减少。此种审前羁押的做法有利于减少因错捕、错诉所产生的社会矛盾,最大限度地保护公民权利,让每一个人民群众都感受到公平正义。例如,对于错捕、错诉的案件,虽然当事人能够获得国家司法赔偿,但是赔偿数额往往与其预期相去甚远,由此引发了强烈的社会不满情绪,并埋下了申诉、上访等高风险隐患。"以捕代侦"是重刑主义思想影响下形成的错误做法,应当予以纠正。

最后,在宽严相济刑事政策的指导下,解决我国审前羁押问题,既需要健全配套制度也依赖司法工作人员的践行。长期以来,我国审前羁押率居高不下,但近年来,司法机关通过协同配合和专项行动,清理了大量久押不决案件和挂案。然而,现阶段我国审前羁押仍然呈现出人数多、时间长的特点。因此，必须从完善法律制度、转变司法理念，健全配套机制、提升人员素质等多方面综合施策，才能彻底解决这一复杂难题。

(三)宽严相济刑事政策促进法律适用兼具社会治理功效

治罪并非最终目的，科学的轻罪治理体系应当同时包括入罪功能和出罪功能，[①]而切实有效出罪的路径之一即为强化纠纷实质性解决，促进社会和谐，助推国家治理能力现代化。宽严相济刑事司法政策能够促进法律适用更加注重社会治理的功效。

在宽严相济刑事司法政策全面准确实施的指导下，法律适用更加注重“治理与治罪并重”。例如，审判机关通过制发司法意见书参与社会治理，2024年最高人民法院向全国人民代表大会作出的工作报告中提到了“五个司法建议”，分别涵盖了商品房预售领域的监管、信用卡发行的监管、电影产业知识产权保护、保证保险纠纷处理、超龄劳动者权益保护等五个不同领域的问题。又如，检察机关通过推进公益诉讼、担任学校法制副校长、建设未成年人法治教育基地、制发检察建议等措施参加到社会治理中。[②] 再如，司法机关通过探索创新社会治理模式，既重视实质性化解矛盾、又着力减少诉讼纠纷。

---

① 参见樊崇义、徐歌旋:《轻罪案件附条件不起诉制度研究》，载《内蒙古社会科学》2024年第1期。

② 最高人民检察院分别向国家粮食和物资储备局、中储粮集团公司发出第九号、第十号检察建议，防治职务犯罪，共护粮食安全;针对养老机构内侵犯老年人人身权利问题，向民政部发出第十一号检察建议，促进强化监管。参见《最高人民检察院工作报告——二〇二四年三月八日在第十四届全国人民代表大会第二次会议上》，载《人民日报》2024年3月16日，第4版。

第二章
CHAPTER TWO

以普遍联系思维解释与适用法律

以普遍联系思维解释与适用法律是以马克思主义哲学唯物辩证法中的普遍联系与永恒发展的观点来探究现阶段适用法律的内涵。普遍联系思维作为一种划时代性的司法理念,其核心在于司法权应以联系和发展的方式运行。司法机关在适用法律时,应注重事物之间的关联性,通过运用法律解释规则和方法主动拓展司法功能,并在司法程序中实质化解决纠纷,最终实现案件的政治效果、社会效果与法律效果的统一。

第一节

运用普遍联系思维解释与适用法律的阻碍因素

我国现阶段普遍联系思维在法律适用中的阻碍因素是脱离客观实际的机械性司法。

一、机械性适用法律

(一)机械性适用法律的概念和情形

机械性司法,是指法官作出判决时,忽视具体案件事实与法律适用之间的内在关联性,未充分考量法律规定的立法意旨、内涵及价值,机械性地适用法律,导致裁判结果脱离社会实际,甚至与公众认知相悖。①

机械性适用法律在司法实务中主要有以下表现:一是对法律条文仅作字面理解,局限于文本概念,忽视法律规范背后的意旨、目的、价值;二是形而上地运用逻辑三段论进行涵射,将法律适用困在逻辑的笼子内,机械办案,把司法看成封闭的逻辑演绎过程,②无视案件的政治效果、社会效果;三是裁判文书疏于说理,忽视案件双方当事人的答辩意见以及

① 参见张文显、李光宇:《司法:法律效果与社会效果的衡平分析》,载《社会科学战线》2011年第7期。

② 参见孔祥俊:《论两个效果统一与防止机械司法——以知识产权审判为例的方法论思考》,载《人民司法》2008年第19期。

辩护人的辩护意见。

(二)机械性适用法律的示例

司法实务中的机械性司法常见于贷款诈骗罪、集资诈骗罪、合同诈骗罪等案件,如在以下几起案件中,法官的裁判思路就是简单适用逻辑三段论,忽视具体条文设置的目的、意义,也未能对具体案件情形作实质性价值判断与法益衡量。北京市第二中级人民法院审理的上诉人与南关村村民委员会租赁合同纠纷案中,该院认为:上诉人与南关村村委会签订的租赁合同,未经村内民主议定程序,违反了法律、法规的相关规定,北京市怀柔区农村承包合同仲裁委员会以该租赁合同未经村民会议或村民代表会议民主议定为由,确认双方签订的租赁合同无效是正确的。① 陕西省高级人民法院审理的西安市商业银行与健桥证券股份有限公司、西部信用担保有限公司借款担保合同纠纷案中,该院认为:资金拆借合同违反了中国人民银行有关规定,也违反了国务院颁布的《金融违法行为处罚办法》第17条第1款的有关规定,因此,西安市商业银行与健桥证券股份有限公司签订的资金合同,因内容违反国家金融法律法规强制性规定,应判定为无效。② 合同无效双方均有过错,依法应承担相应的过错责任。上述案件中法官的论证逻辑为,认定与刑事犯罪相交叉的合同效力,是将当时有效的《合同法》第52条(现行《民法典》第153条吸收了其精神)的规定与刑事法律规定作为大前提,将具体案件事实中提炼出的合同效力认定的案件事实与刑事犯罪构成的案件事实作为小前提,

① 参见北京市第二中级人民法院民事判决书,(2011)二中民终字第02520号。

② 参见陕西省高级人民法院民事判决书,(2005)陕民二初字第2号。

由于刑事法律属于我国法律法规规定的强制性规定，故刑事犯罪行为能够介入合同的私权领域否定合同效力。上述裁判思路是将《民法典》第153条第1款的适用封闭在传统逻辑的三段论模式之中，简化了法官在司法适用中的法律论证，缺失法官的实质性价值判断和对法益衡量的分析，是较为典型的机械性适用法律的模式。“涉罪合同效力的认定”方面需要考量的问题是：刑法条文设定具体罪名的目的是什么？刑法规定否定合同效力的依据与路径是什么？刑法规定是否属于“法律、法规强制性规定”中的“效力性强制性规定”？若抛开以上问题而一味地否定涉罪合同效力则会违背公众的认知，更会损害公众朴素的法情感。笔者曾办理过一起某小额贷款公司数十名涉案人实施集资诈骗、非法吸收公众存款的案件，该案涉案投资人达千余人，其中多数为老年人群体，涉案金额数十亿元，在多次信访接待中，通过民事诉讼获得救济成为被骗群体的主要诉求，涉罪合同是否有效成为多数老年受骗方能否获得民事救济的“最后一根救命稻草”。因此，司法者应综合考量法律强制性规定设定的目的、意义，以普遍联系性思维适用《民法典》第153条第1款判定涉罪合同效力，避免机械性司法，实现案件裁判结果兼顾国法、天理、人情，达到案件的实质性公平正义。

法学作为人文社会科学的一门学科，离不开特定的社会背景与社会情势，将法律适用束缚在逻辑的架构内，法效果往往会脱离公众的一般认知。张明楷教授在探讨许霆案的认定时，就曾经走出法学教室、法学圈子，向学校的物业工作人员、向出租车司机询问他们对该案的看法。因此，司法要尊重民意、要符合大众最朴素的法情感，普遍联系性司法就成为有效的路径。司法权应适度地介入社会生活，应灵活地、关联性地运用各种方法实现司法追求的社会目标。司法要“遵循国之常法、世之常理、人之常情,把国法作为裁判的底线不可逾越,把天理作为裁判的价值贯穿始终,把人情作为裁判的温度可触可感”①。

二、“案结访起”现象

(一)忽视案件特殊性就案办案

另一种阻碍普遍联系性司法的情形就是就案办案,脱离社会实际与公众认知,不深究案件背后的因素,导致“案结访起”。实务中大多数闹访、缠访案件,多因裁判说理不到位、未充分考虑案件特殊性等原因引发。如果司法机关仍仅局限于法律条文的字面含义来裁判案件,而不顾执法的社会效果,只会引发更多纠纷。

例如,笔者多年前办理过一起行为人因多次上访无果而在市政府电梯口纵火的案件。行为人梁某,女性,某村的村民,因与同村村民张某土地承包经营权纠纷诉至法院,法院经二次审判均判决梁某败诉,后梁某多次至市政府上访,均未果。于是,梁某在最后一次上访时,准备了一瓶酒精和一个打火机。由于当天未能见到有关领导,遂闯入电梯并拿出事先备好的打火机及酒精,准备以此恐吓保安,后被及时赶到的民警制止并因涉嫌放火被刑事立案。接手此案后,司法人员在提审时发现行为人梁某反复强调自己因土地纠纷蒙冤,多次诉求未果,无奈之下只想以放火行为引起关注,本人并无真正放火的意图。司法人员在调取了梁某的

---

① 相颖、管泽亚:《将司法为民落到实处　让公平正义可感可触》,载《人民法院报》2023 年 8 月 5 日,第 1 版。

民事案件卷宗材料后发现，行为人梁某多年前外出打工，便与同村村民张某签订土地承包经营权转让协议，由于当时土地承包市场价格极低，因此，二人的土地承包经营转让金也约定得较低。后来，国家为鼓励农业生产，颁行一系列惠农政策，诸如禾苗补贴、农机购置补贴、农业支持补贴等，并且取消全部农牧业税、农业特产税。梁某在外打工的几年，收入微薄以至于不能维持本人生计，又恰逢国家加大惠农政策，于是返回本村，欲要回之前转让的承包地从事农业生产。梁某历经二审均以败诉告终，法院的裁判理由为，梁某与张某订立土地承包经营权协议是基于二人的合意，且转让程序合法，尽管约定的转让金过低，但二人纠纷发生之时的农村土地承包经营权转让金明显高于二人订立合同之时的转让金，是由于国家农业政策发生变化，于是，法院以情势变更原则判定梁某败诉。该案中，认定梁某构成放火罪(未遂)并无疑问，从行为性质来看，其刑事责任当然不可免；但是，司法人员在调取梁某与张某之间的农村土地承包经营权纠纷的民事卷宗时发现，法院判决的依据且引用的唯一法律依据是“情势变更原则”。“情势变更原则”属于合同法中的一项适用原则，而该民事案件中农村土地承包经营权是我国原《物权法》中明确规定的一种用益物权，根据物债两分的原则，属于债权领域的适用原则不能够适用于物权领域。因此，司法人员在认定梁某构成放火犯罪的同时，又将该农村土地承包经营权纠纷的民事案件移送至该院民事行政检察部门，由该部门根据法律规定的程序，为梁某进行民事维权。梁某的刑事责任不可免除，但涉事民事纠纷本身存在瑕疵，应对其放火行为背后的矛盾根源全面分析考量，力求“案结事了”，防止“案结访起”，从而保障当事人的利益，实现案件的“三效合一”。

再如，沈阳某开发区法院的一名法官在办理一起交通肇事罪案件时，在裁判结果作出前主动在办案系统内进行检索，将被追尾的出租车信息输入办案系统，发现该同一车辆在一年内竟发生20余起相同情形的追尾事故，便立即想到存在“碰瓷”的可能性，司法机关展开查证后，确认了这一事实，并将案件原拟判决进行改正。这名法官又将案件线索提供给侦查机关，建议公安机关刑事立案。法官这种普遍联系性意识之下的积极作为，就是典型的执法机关运用普遍联系思维开展工作的具体表现。

（二）脱离客观实际机械性适用法律

另一种较为严重的、可能引发“案结访起”问题的错误倾向就是脱离客观实际、机械性地适用法律。如城管工作人员张某在执法过程中，发现某公司工作人员李某正在违法张贴广告牌，于是张某要求李某将广告牌拆除，在拆除的过程中，城管工作人员张某搬走了抽屉，随后李某没有办法，自行使用安全绳下楼，导致其不慎坠亡。该案的焦点问题为，设置广告牌公司的负责人是否有责，城管工作人员张某是否有责。公安机关最初以广告公司负责人涉嫌重大责任事故罪刑事立案，公安机关的推理逻辑是，广告公司如果没有要求李某违法安装广告牌，李某就不会坠楼身亡，公司负责人违法安装广告牌的行为与李某的死亡之间具有因果关系。公安机关的这种推理逻辑实际上依据的是“广泛的条件说”，得出的结论自然也是事实上的因果关系。但是，刑法意义上的因果关系，是要在事实上成立的因果关系中进行筛选。根据经验法则，刑法上的因果关系认定通常要求行为创造了较高的危险，且该危险导致危害后果发生的概率较高。结合该案，导致李某死亡的危险并非来自广告公司负责人违法要求安装广告牌的行为,而是城管的执法人员将李某下楼要使用到的抽屉拿走,从而导致李某坠楼危险的发生概率较高。因此,这也正如刑法上的介入因素之所以能够隔断前行为与结果之间的因果关系,就因为介入因素独立创造了一个新的危险,从而单独建立了因果关系。公安机关的认定逻辑明显是脱离实际、机械性适用法律,极易造成"案结访起"。

新时代的法治秩序不是"消极的秩序",而是"积极的秩序",它具有"围绕中心、服务大局、造福人民"的独特功能和运行机制。① 因此,司法者应重视案内、案外因素的普遍联系性,避免机械性适用法律,避免脱离案件的特殊性"就案办案"。

第二节

运用普遍联系思维解释与适用法律的路径

法律条文是静止的,而法律适用的过程则是动态和具有普遍联系性的。法律一经制定并颁行后,为保持其稳定性,往往适用的时间很长,但

① 参见张文显:《论在法治轨道上全面建设社会主义现代化国家》,载《中国法律评论》2023 年第 1 期。

是社会生活变化万千，使相对静止的法律条文适应瞬息万变的社会生活，需要对法律条文进行符合时代特征的解释。执法者不能仅做法条的搬运工，应妥当适用法律解释规则与解释方法赋予法律条文以时代性要素，同时应注重矛盾纠纷的实质性化解，从案件源头解决矛盾，实质性实现案件政治效果、法律效果与社会效果相统一。

一、普遍联系思维在法律适用中的贯注机制

（一）社会发展需要运用普遍联系思维适用法律

法律适用要与社会发展相联系、相协调。推动刑事案件高质量裁判，需要司法人员坚持普遍联系的司法理念，尤其在认定罪与非罪、此罪与彼罪等疑难复杂案件时，更需借助刑法的功能、目的等内在体系，依据刑事司法政策，运用普遍联系思维进行全面价值判断。普遍联系性司法的本质就在于妥当适用法律解释规则与解释方法，“消化”和“解释”法律真义，与时俱进地将法律适用于当下特定的社会情境之中。

“立法不可能包揽无余，也不可能随机应变”①，使相对稳定的法律条文适用于千变万化的社会之中，普遍联系性司法成为必要。普遍联系性司法要求执法者积极主动运用法律解释规则与解释方法将刑法条文予以明确化、具体化，以有效顺应特定社会条件的变迁。正如美国学者博登海默所说：“只有那些以某种具体和妥当的方式将刚性与灵活性完

① 樊崇义、徐歌旋：《轻罪案件附条件不起诉制度研究》，载《内蒙古社会科学》2024年第1期。

美结合在一起的法律制度，才是真正伟大的法律制度。”①博登海默所提及的妥当方式就是指普遍联系性司法，其本质上要求“司法者通过刑法解释来弥补刑法与社会发展之间的裂缝，把刑法上的概念还原于生活”，使刑法永葆时代生命力，满足社会发展的需要。如果不对刑法适用作出符合时代性的刑法解释，而是将其禁锢于逻辑三段论式的涵射，那么“现代人将永远被古人统治”，刑法也将失去生命力，法律适用也将会背离民众的正义观念。

（二）运用普遍联系思维适用法律的实务探究

在适用法律时，应当立足于社会发展现状，结合普遍联系性进行法律解释与适用。比如在刑法中，类似于“情节严重”“后果严重”“其他严重情形的”等涉及罪与非罪的界限的表述，都需要司法者结合一般常识、公众认知以及司法解释的规定等进行普遍联系性适用。再如，我国《刑法》第 13 条规定了犯罪概念的“但书”条款，“但是情节显著轻微危害不大的，不认为是犯罪”，这一但书条款并非摆设，更非空话，而是区分罪与非罪的原则性规定；我国《刑事诉讼法》规定的不起诉的法定情形，都需要司法者结合具体案情和时代特征进行普遍联系性的刑法解释与适用。近 20 年来，我国刑事犯罪类型及结构发生了重大变化，抢劫罪、盗窃罪、故意杀人罪、强奸罪等自然犯比例大幅下降，危险驾驶罪、帮助信息网络犯罪活动罪等新类型犯罪比例大幅上升。犯罪结构的轻缓化趋势要求法律解释与适用也要与时俱进，适应轻罪化治理模式。例如，在办理帮

---

① ［美］E. 博登海默：《法理学：法律哲学与法律方法》，邓正来译，中国政法大学出版社 2004 年版，第 424 页。

助信息网络犯罪活动罪案件时，司法工作者应当根据各涉案人在犯罪行为中的作用、情节、主观恶性等方面进行综合评定。笔者在基层检察机关办理过多起帮助信息网络犯罪活动罪案，很多涉案人群体为在校大学生，其中有一些是被骗而交出自己名下银行卡，因此针对不同涉案人的行为性质应当给予不同的处理。部分案件的具体案情表现为，在校大学生的手机收到关于“有偿收卡”的短信，短信要求办理一张自己名下有效的信用卡，并将信用卡按照指定地点交付，即可获得1000元至3000元不等收益。在侦查机关调取的证据中，有些证据能够证明在校大学生交付自己名下信用卡时，对该卡被用于洗钱等犯罪活动明知，且获得刚刚达到刑事追诉标准的获利，此种情形认定为帮助信息网络犯罪活动罪毫无问题。对于此种情形，涉案在校大学生已构成帮助信息网络犯罪活动罪，但可结合其情节轻微及相关法定从轻、减轻情节，作出相对不起诉的决定较为妥当。还有一些案情表现为，侦查机关调取的证据仅能证明在校大学生交付信用卡的行为可疑，具有隐蔽性特点，但其主观是否明知或者可能明知该信用卡是用于违法犯罪活动尚存在证据不足的情况。对于此类情形，作出存疑不起诉的决定较为妥当。还有一些案情表现为，在校大学生是被骗而交付信用卡，被骗表现为，他们是为办理学生贷款用途而办卡，或者是为借给同学使用而办卡，等等，主观上并不明知或者可能明知该信用卡是用于违法犯罪活动，尽管客观上也有较少的获利，但是，此种情形仍应以缺乏有责性而作出绝对不起诉的决定。尽管电信诈骗类犯罪是近几年打击的重点领域，但仍应针对不同群体、不同行为性质、不同案情进行价值判断，刑法的解释与适用离不开价值判断，如果忽视或缺乏正确的价值判断，刑法的适用很有可能会步入恣意与盲目状态，无法实现案件的实质性正义。

在适用法律的过程中，司法者应当秉持普遍联系性思维，重视犯罪行为的时代性特征。随着社会的发展进步，出现了很多立法时尚未预见的情形，如实践中“公开盗窃”的认定问题；入户盗窃发生在“商住两用”空间内时“户”的范围界定，以及高级知识分子、高级管理人员群体中“刺激型盗窃”的“非法占有”认定等问题。传统的盗窃罪是以非法占有为目的，以秘密手段窃取他人财物，随着社会的发展进步，互联网信息高度发达，“天眼系统”遍布，司法实务中发生过多起“公开盗窃”的情形，如行为人行窃时，自以为周围无人看管，实际上物业保安人员通过视频监控已经发现，并及时报警。行为人整个行窃过程均在物业保安人员的监视之下，此种窃取行为在行为方式上与传统盗窃罪所要求的“秘密窃取”的要件不完全相符，但如果对行为人不以盗窃罪认定既有放纵犯罪之嫌，又会违背民众的通识价值观。因此，就需要司法者将特定的社会情境作为法律解释基础，赋予盗窃罪的法律条文以信息化时代性的特征，将盗窃罪“秘密窃取”的行为延伸解释为“自以为是在无人监管情境之下的秘密窃取”，从而使秘密窃取行为实质化，使“静止”的法律条文能够适应“动态”的社会发展。又如，发生在高级知识分子、高级管理人员群体中的“刺激型盗窃”情形中如何认定“非法占有目的”。杭州市上城区人民检察院2024年年初办理了一起“高富帅”盗窃高档酒店物品，以寻求刺激、缓解压力的盗窃罪案件。① 行为人孙某名牌大学毕业，毕业后入职杭州

① 参见《“高富帅”盗窃高档酒店物品，称“过程刺激，可以缓解压力”》，载检察日报正义网公众号，2024年2月7日访问。

一家待遇不错的公司，收入颇丰。由于他经常入住高档酒店，便成为A酒店集团最高等级会员。2023年3月的一天，孙某在网上看到一则酒店测评的帖子，说A酒店的硬件设施很好，便萌生偷窃高档物品的想法。随后，孙某预约A酒店，将准备好的替换品打包带入酒店，并在入住期间替换了房间内的音响、吹风机、咖啡机及枕芯。2023年5月，孙某又以同样的方式替换掉酒店的电视机、吹风机等物品，酒店发现后报警，很快警方将孙某抓获归案。经鉴定，孙某盗窃上述物品价值5000余元，而上述被盗窃的物品孙某并没有处置变卖，而是闲置在家。案件移送检察机关后，孙某供述，自己明知盗窃物品是违法犯罪行为，但是盗窃过程让孙某感觉到很刺激，可以缓解工作及生活压力。这起发生在高级知识分子、高级管理人员群体中"寻求刺激型"的盗窃行为，相较于传统意义的盗窃行为具有时代的特殊性，尤其在"非法占有目的"的表现形式中，也有别于以往的为获利而行窃。在社会高速发展的信息化时代，工薪阶层的生活、工作压力较大，孙某实施窃取行为其主观上的非法占有目的是寻求刺激、缓解压力。但是，动机并非构成犯罪的必要条件，孙某"偷梁换柱"的窃取行为应当认定为盗窃罪。再如，入户盗窃行为中，对"户"的认定。随着小区、社区居住的普及化，出现很多商住两用的居住模式，如小区内居住在一楼的住户，有些将住宅改建为经营与居住一体，发生在这里的盗窃行为，应当区分不同的情形，如果盗窃行为发生在经营超市的区域内，此区域有别于相对私密的个人居住空间，不宜认定为入户盗窃；而如果盗窃行为发生在个人较为私密的居住空间，则属于入户盗窃。

犯罪行为的时代性特征，还突出体现在集团犯罪中。2018年至2020

年，全国范围内开展了“扫黑除恶专项斗争”，新时期黑社会性质犯罪的行为模式呈现出多种时代性特征。这些时代特征集中表现为，组织成员身份隐蔽，违法犯罪手段往往被罩上合法的外衣，敛财方式多表现为“以黑护商、以商养黑”，组织成员依托黑社会性质组织非法敛财，软暴力手段呈现多样性、显著性。黑社会性质组织犯罪的构成要件随着时代的不同，在组织特征、经济特征、行为特征和危害性特征四个方面均呈现出时代性的特色。在组织成员身份结构方面，成员身份之间的关系除具备传统黑社会性质组织的组织特征外，还往往以雇佣、朋友等关系遮蔽。在经济特征方面，常表现为以商养黑、以黑护商，这区别于以往单纯以暴力敛财为目的的模式。当前，黑社会性质组织案件在经济上多通过实施有组织、有计划的违法犯罪活动聚敛钱财、威慑群众、树立非法权威，并依托组织的强势地位攫取巨额经济利益。获取的利润部分用于支撑违法犯罪活动，部分用于维系组织生存发展。在行为特征方面，表现为暴力性程度弱化，软暴力手段呈现出多样性的特点。例如，在最高人民法院发布的指导性案例中(浙江省曹某等人组织、领导、参加黑社会性质组织罪案)，该案犯罪行为主要表现为以“套路贷”为模式，依托公司形式实施黑社会性质组织犯罪，其手段虽以跟踪、滋扰等软暴力为主，但暴力性手段始终处于随时可能出现的状态。由此可见，现阶段对黑社会性质组织犯罪中软暴力的认定，并不排斥暴力手段的实际存在。危害性特征方面最突出的表现就是在某一区域内或者某一范围内“恶名昭著”，一旦提及该组织成员或者某一具体事件，便会引起当地民众的恐惧。以长途客运为例，当某条线路被黑社会性质组织把控时，其他经营者因惧怕其恶名而不敢参与运营，最终导致该组织垄断经营的局面。

近年来黑社会性质组织犯罪成员的层级关系具有隐蔽性的时代性特征，比较突出的层级关系体现在，黑社会性质组织的组织者和领导者与其身边的组织成员，一是在民事活动中不具有平等民事主体的特征，例如，在董某等36人组织、领导、参加黑社会性质组织犯罪案中，董某作为组织领导者与其个别成员之间存在民间借贷、商品房买卖等民事法律关系，但是个案的交易模式、交付手段、约定的利率等方面均不具有一般民事交易活动中平等主体的特征。在董某等人对组织成员邱某敲诈勒索案中，董某与邱某之间存在民间借贷法律关系，董某强行要求邱某偿还本息，金额高出本金2000余万元，这体现了董某作为“黑老大”的霸气地位。[①] 二是不具有典型的雇佣与被雇佣关系，在庭审中，多数组织成员的辩解是与该黑社会性质的组织者、领导者之间存在雇佣与被雇佣的关系，结合笔者实际办理过的黑社会性质组织犯罪案件，多数组织成员在组织领导者开设的工厂中、酒店内打工并且领取固定工资，但往往在雇佣关系之外，成员仍服从于组织领导者，听命于组织领导者参与违法犯罪活动。董某等36人组织、领导、参加黑社会性质组织罪案，即表现为该组织的多数成员均听从于组织领导者，参与与其本人并无直接利害关系的违法犯罪活动，这不具有典型雇佣关系。三是不具有一般意义上的朋友关系，从组织内部的关系来看，黑社会性质组织犯罪案件中的成员关系往往表现为对领导者的服从、听命、惧怕，体现为一种身份的隶属关系，而非普通的平等朋友关系。

随着社会的发展进步，会出现很多立法者在制定法律之初无法预见

① 参见内蒙古通辽市中级人民法院刑事附带民事判决书，(2019)内05刑初55号。

的情形。法律适用绝非一成不变，需要司法者妥当适用刑法解释规则予以充分说理论证，说理以价值判断为基础，论证则保证价值判断的客观性，司法活动最能体现执法者的智慧与积极主动性，其裁决过程就是用刑法解释进行价值判断的过程，刑法解释的价值判断是为了澄明刑法价值，以修正“合法不合理”的刑法解释，使法律实质化适用于社会。

二、重视在司法程序中实现纠纷的实质化化解

在司法程序中，实质化解决纠纷要求司法者兼顾“治理与治罪并重”。

（一）重视司法调解

信息化社会时代的高速发展使矛盾纠纷呈现出多样性特征，也对纠纷解决的途径提出了新要求，刚性规制手段不能完全满足现代社会纠纷的解决需求，很多时候需要相对柔和的化解手段解决矛盾。为此，法官对于纠纷的解决有时需要借助法律规定，有时需要采择“天理”“人情”等内在规则。① 在轻微刑事案件的办理中，刑事和解程序是最能够体现兼顾“天理”“人情”的处理模式。我国《刑事诉讼法》第 289 条规定了刑事和解制度，“双方当事人和解的，公安机关、人民检察院、人民法院应当听取当事人和其他有关人员的意见，对和解的自愿性、合法性进行审查，并主持制作和解协议书”。《最高人民法院关于适用〈中华人民共和国刑事诉讼法〉的解释》第 587 条规定，对符合《刑事诉讼法》第 288 条规定的公

① 参见虞浔：《从社会治理的参与者到社会治理的推动者——基于“寻乌经验”司法治理模式的思考》，载《法学》2023 年第 12 期。

诉案件，人民法院应当告知当事人可以自行和解，当事人提出申请的，人民法院可以主持双方当事人协商以达成和解。以上这些规定均体现了法律尊重当事人意思自治，奉行当事人自行和解为主、公权力机关介入为辅的原则。①

司法实务中，通过刑事和解解决矛盾纠纷，尊重当事人的意思自治，也是实质性化解矛盾的实务路径。有统计显示，2019 年至 2021 年，达成刑事和解的一审裁判案件中，占比最高的为故意伤害罪与交通肇事罪。②比如，在故意伤害罪（轻伤）案件中，行为人因生活、工作中发生的偶发矛盾引发犯罪，系初犯，主观恶性较小，且能认罪悔罪、积极赔偿受害人损失，并取得被害人的书面谅解。在刑事诉讼过程中，通过刑事和解解决纠纷有助于从源头上减少矛盾激化，有效预防同类伤害行为的再次发生。再如，交通肇事罪属于过失犯罪，对于没有逃逸等其他严重法定情形的，司法机关应当重视刑事和解程序的适用，通过刑事和解使受害方得到赔偿，促成矛盾纠纷有效解决。

（二）重视司法建议的预防效用

制发司法建议能够有效预防纠纷的发生，2024 年最高人民法院的工作报告中提到了“五个司法建议”，分别涵盖了商品房预售领域的监管、

---

① 参见王桂芳：《认罪认罚与公诉案件刑事和解衔接适用效果检视与提升路径》，载《中国刑事法杂志》2022 年第 6 期。

② 从中国裁判文书网检索到 2019 年至 2021 年刑事和解案件一审裁判文书，总计 12，214 件，其中故意伤害罪 5928 件，排名第一，占比为 49%；交通肇事罪 3834 件，排名第二，占比为 21.4%。参见王桂芳：《认罪认罚与公诉案件刑事和解衔接适用效果检视与提升路径》，载《中国刑事法杂志》2022 年第 6 期。

信用卡发行的监管、电影产业知识产权保护、保证保险纠纷、超龄劳动者权益保护等五个不同领域的问题。①

司法建议提出的目标就是希望从案件源头及时发现问题,有的放矢进行社会治理。最高人民法院提出的以上五个方面都是经过实地调研,总结出来现阶段社会生活中存在的案发比例较高、风险较大的五个领域。例如,涉及信用卡领域的诉讼案件数量居高不下,最高人民法院调研发现,个别金融机构盲目追求业绩,未严格审查客户还款能力,导致部分不适格客户恶意透支或超前消费,进而引发违约甚至信用卡诈骗犯罪。除此之外,还有一种涉及信用卡诉讼的案件是金融机构工作人员恶意将客户的定期存款变更为金融理财产品,致使客户遭受财产损失。此类情形高发体现出银行业金融业务合规经营意识的不足,金融机构内部欠缺合规经营的风险防控机制,未能履行适当的合规监管义务。最高人民法院从有效化解矛盾纠纷出发,结合诉讼实际情况向有关主管部门制发第二号司法建议,建议商业银行应当牢守信用卡办理的关口,严格审查客户办卡资质,明确知晓客户实际办卡用途,调查清楚客户的还款能力以及还款方式,审慎发放信用卡。

(三)践行"治罪与治理并重"的路径

现阶段我国犯罪治理已进入轻罪时代,实现犯罪治理现代化,以及实现轻罪时代犯罪治理结构从"厉而不严"到"严而不厉"的应然转型,有效构建"治罪与治理并重"的预防性犯罪治理模式显得尤为必要。法学

① 参见高洁、马知遥、袁秋岳:《公正与效率是永恒的工作主题——专访最高人民法院院长张军》,载新华每日电讯,2024 年 3 月 10 日,第 3 版。

理论界及实务界从预防性犯罪治理的法律构建路径出发，提出以下举措：一是健全多维度犯罪防范机制，完善社区矫正制度以强化轻罪预防；二是优化轻罪处罚体系，通过实质化适用认罪认罚从宽制度、构建多元化纠纷解决机制；三是推动不起诉制度的扩大适用。通过以上对策，可优化治理效果，使刑罚适用适应轻罪时代的治理结构，最终构建更加和谐、公正、高效的社会法治环境。

轻罪时代背景之下，“治理与治罪并重”已然成为现代司法理念，理论界及实务界也提出并尝试了相应的法律举措。陈兴良教授指出，轻罪时代下入刑不能一入了之，而是应当采取入出罪机制、规范附随后果等必要的配套措施。在轻罪案件有效分流层面，樊崇义教授提出构建轻罪案件附条件不起诉制度，建议《刑事诉讼法》应厘清轻罪案件附条件不起诉制度的适用范围，主张附加条件应兼具惩罚性与教育性的双重特征并遵循比例原则。① 司法实务领域积极拓展构建多元化纠纷解决机制，如河北省承德法院推行“一村一法官、一社区一法官、一校一法官”“三个一”工作机制，全市法院下沉基层、融入治理。雄安法院创新行政争议化解机制，开展对接联络、诉前分流、联动解纷、公开听证、法律指导等工作。

三、重视案件的“三效合一”

案件办理要坚持政治效果、社会效果、法律效果相统一，不能撇开法律效果讲政治效果与社会效果，也不能撇开政治效果与社会效果只讲法

① 参见樊崇义、徐歌旋：《轻罪案件附条件不起诉制度研究》，载《内蒙古社会科学》2024 年第 1 期。

律效果。做到法律适用的“三效合一”应当将天理、国法、人情融为一体，情同此心；[①]坚持“三效合一”应当持有“如我在诉”的为民情怀，实现“三效合一”应当培养整体性、融贯性的法秩序思维，尊重公众良知与社会经验法则。

（一）尊重法价值，培养融贯性的法秩序思维

秉持普遍联系性司法理念，对司法者的裁判能力提出了更高的要求，法律适用本身就是一种平衡的艺术，要平衡各方法律主体间的利益关系。融贯性法秩序思维就要求司法者以整部法律体系为背景，系统性把握法律秩序整体性价值观的思维模式。这种法秩序整体性的价值观与国家政策、社会主义核心价值观、法律基本原则等相一致，客观上要求法官对相类似的案件作出相近的判决，实现同案同判的法效果。

坚持融贯性的法秩序思维离不开对政治效果与社会效果的评价，脱离政治效果与社会效果的法律适用如同无源之水、无本之木，离开社会现实与价值评价这一根基、数学公式般地仅靠逻辑适用法律，无视社会核心价值观、法律基本理念，无法实现案件的公平正义。被评为 2017 年全国十大法治案件的王力军无证收购玉米非法经营罪案，经最高人民法院发回后被依法改判，该案是裁判脱离社会效果的典型反面案例。王力军从事玉米收购，在未办理粮食收购证的情形之下收购散粮百余吨，经营额 21 万余元，获利 6000 元。根据《粮食收购资格审核管理暂行办法》（现已失效）第 8 条的规定，常年收购粮食并以营利为目的，或年收购量

---

① 参见检察日报评论员：《坚持政治效果社会效果法律效果相统一——四论学习贯彻第十五次全国检察工作会议精神》，载《检察日报》2021 年 1 月 15 日，第 1 版。

达到50吨以上的个体工商户,必须取得粮食收购资格。王力军未取得粮食收购资格而收购玉米,巴彦淖尔市临河区法院依据我国《刑法》第225条之规定,以非法经营罪判处王力军有期徒刑一年缓刑两年执行,并处罚金2万元,非法获利6000元予以收缴。[①] 王力军案一审作出裁判后,引发公众质疑。最高人民法院作出再审裁定,指定巴彦淖尔市中级人民法院再审。再审法院认定:王力军的行为"违反了当时的国家粮食流通管理有关规定,但尚未达到严重扰乱市场秩序的危害程度,不具备与《刑法》第225条规定的非法经营罪相当的社会危害性和刑事处罚的必要性,不构成非法经营罪"。原审法院适用法律错误,判决王力军无罪。[②] 王力军案就是典型的脱离社会效果,机械性适用法律规定的情形。法律适用应进行实质性的判断,非法经营罪处罚的是扰乱市场秩序情节严重的行为,散粮收购的行为并没有对粮食的生产、流通、价格、安全产生负面危害,反而减轻了粮农卖粮的负担,减轻了粮农的销售压力,更有利于保护粮农生产的积极性。因此,王力军这种散粮收购的行为不是扰乱市场秩序,不具有社会危害性,不具备刑罚的可苛责性。"刑法走向理性、文明,就是依靠一直以来执着坚守犯罪的法益侵害性和可谴责性观念,刑事司法必须坚守这样的罪责观。应当由司法人员依据天理、良知纠正法律的不公正,让每一个案件都体现公平正义,实现法律与天理人情的统一,法律效果与社

① 参见内蒙古自治区巴彦淖尔市临河区人民法院刑事判决书,(2016)内0802刑初54号。

② 参见内蒙古自治区巴彦淖尔市中级人民法院刑事判决书,(2017)内08刑再1号。

会效果的统一。”①

(二)尊重公众良知与社会经验法则

真正实现普遍联系性司法,坚持案件的“三效合一”,而又不违背法律公正与法治,需要裁判者立足人文关怀立场,尊重社会公众良知,在适用法律中秉持公德心、同理心,遵循社会经验法则与逻辑法则,避免与社会价值取向相悖。

公正的裁判必然要求法律的适用以特定社会环境、人类核心价值取向为基础,因此,法官的裁判应遵循经验法则与逻辑法则,尊重社会公众良知,秉持人文关怀与同理心,适时感受法的环境变化及需要,以此实现案件的法律效果、社会效果、政治效果的统一。在一则以尊重社会道德取向为判定准则的重婚案中,法院认为“法律是道德的最低底线”,因此,不应将道德层面未予否定或苛责的行为认定为犯罪。本案中,妻子长期遭受家暴,多次被丈夫打伤,因无法忍受而逃往外乡。在外乡生活期间,她结识另一男子,二人情投意合并以夫妻名义共同生活,育有子女。后原配丈夫寻获妻子,以重婚罪对其提起诉讼。单从重婚罪的犯罪构成考量,妻子未与丈夫解除婚姻关系,又与他人以夫妻名义共同生活,其行为符合《刑法》第 258 条规定的重婚犯罪,②如果不考虑丈夫长期实施家暴这种不道德的行为,单独评价重婚的行为本身,就会得出违背社会效果的认定,这种违背社会公众良知的法评价,毫无疑问会违背公众的法情

---

① 阮齐林:《刑事司法应坚持罪责实质评价》,载《中国法学》2017 年第 4 期。

② 根据《刑法》第 258 条,重婚是指“有配偶而重婚的,或者明知他人有配偶而与之结婚的”行为。

感。妻子面对长期家暴而外逃的行为,以一般正常人的价值评判标准,很难被认为是不道德的行为。只有尊重社会公众良知,作出符合社会核心价值取向的法回应,才能实现案件社会效果的统一。

再如,笔者办理过的一起玩具店售卖玩具枪的案件。行为人长期经营玩具店,与玩具厂商具有长期固定的购销关系。在一次商品质量的市场例行检查中,执法人员发现文具店经营的玩具手枪质量存在问题,经鉴定,该批次的玩具枪发射的弹丸,枪口比动能超过1.8焦耳/平方厘米,因此被认定为真枪,但玩具店店主对该批次玩具手枪的比动能数值并不明知。公安机关以非法持有枪支罪对玩具店店主刑事立案。店主售卖的玩具枪依公众常识难以认定为不道德行为。道德是法律的底线,不为社会道德所谴责的行为更不应当被定性为违法。此外,店主长期从事玩具购销,作为普通经营者,既无法预见玩具枪的比动能可能被认定为枪支,亦无违法主观故意。因此,该案无论是依据“主客观相统一”原则,还是参照社会道德的评判标准,都不宜认定为犯罪行为。最终案件的承办人作出了通知公安机关撤案的决定。

(三)尊重事实与法律

以一起寻衅滋事罪审查逮捕阶段的办理过程为例:检察机关以公安机关提请批准逮捕的事实以及犯罪嫌疑人为基础,结合案件事实与证据的特殊性,在作出逮捕决定的同时,向公安机关制发了对另外4名犯罪嫌疑人的通知立案决定书,并对已立案的一名犯罪嫌疑人出具了通知撤销案件的决定书。该案案情为,某日深夜22时许,犯罪嫌疑人张某伙同解某、郭某、周某等6人持镐把,驾驶两台车到T市经济开发区某村被害人刘某一家中索要赌债，双方发生斯打，犯罪嫌疑人张某持镐把将刘某一打成轻伤，将刘某打成轻微伤。刘某一自卫，用手锯将解某砍成轻伤。根据《最高人民法院、最高人民检察院关于办理寻衅滋事刑事案件适用法律若干问题的解释》第1条第2款的规定，行为人因日常生活中的偶发矛盾纠纷，借故生非，实施《刑法》第293条规定的行为的，应当认定为"寻衅滋事"。该案中，犯罪嫌疑人张某为索要赌债，酒后聚集6人，手持镐把至被害人家中，强行索取赌资，将刘某一、刘某父子打伤的行为符合《最高人民法院、最高人民检察院关于办理寻衅滋事刑事案件适用法律若干问题的解释》第1条第2款关于"寻衅滋事"的规定。该案虽然事出有因，但其行为明显不属于合理的纠纷解决方式，属于借题发挥，且赌债不属于该条文第3款但书中规定的正当债务的范畴，故应当认定为张某具有寻衅动机，且在斯打过程中，犯罪嫌疑人张某又将被害人刘某一的父亲刘某打成轻微伤，情节恶劣。根据《最高人民法院、最高人民检察院关于办理寻衅滋事刑事案件适用法律若干问题的解释》第7条之规定，实施寻衅滋事行为，同时符合故意伤害罪的构成要件的，依照处罚较重的犯罪定罪处罚，犯罪嫌疑人张某的行为应当定性为寻衅滋事罪。公安机关将刘某一认定为案件的犯罪嫌疑人，针对这一情况，检察机关提出应当将正当防卫作为其出罪的理由。犯罪嫌疑人张某等6人持械(镐把)深夜到被害人刘某一家中索要赌债，被害人刘某一为使本人人身权利免受不法侵害，对不法侵害实施了必要的防卫行为，虽然造成解某轻伤后果，但是在正当防卫可能产生的损害后果之内，故应认定被害人刘某一的行为属于正当防卫，故检察机关要求公安机关说明对刘某一立案的理由。针对公安机关的立案理由，检察机关认为，犯罪嫌疑人张某索要欠款为赌债,并非正当的民间债务,公安机关保护索要赌债的理由不能成立;公安机关认为张某等人在尚未着手事实犯罪时,即被刘某一先砍伤,刘某一不属于正当防卫。刑法理论认为,当受侵害法益的危险达到紧迫程度时,即为“着手”。该案中,张某伙同6名犯罪嫌疑人,均手持镐把深夜乘车至被害人家中,下车后手持镐把逼近被害人欲行加害时,即应认定为犯罪行为已经“着手”,公安机关对犯罪“着手”实施节点认定错误;面对手持凶器的众多犯罪嫌疑人,被害人刘某一势单力孤,为使本人及家庭成员人身权利、家庭财产免受不法侵害,对现实不法侵害实施必要的防卫行为,虽然造成解某轻伤后果,但是在正当防卫可能产生的损害结果之内,其防卫没有超过必要限度,刘某一的行为属于正当防卫。同时,检察机关又对其他实施殴斗的6名同伙制发通知立案决定书,犯罪嫌疑人张某的6名同伙均手持镐把,深夜至被害人刘某一家中索要赌债,该6人涉嫌寻衅滋事犯罪,应予以刑事立案。

司法实务中对于刑法上因果关系的认定经常存在脱离客观实际,机械性适用的现象。以笔者办理的一起公安机关侦查人员涉嫌滥用职权罪案为例:涉案人吴某是公安机关刑侦大队的一名侦查人员,其在办理王某寻衅滋事案时,仅对王某处以行政拘留15日的治安处罚,未依法进行刑事立案。王某行政拘留期满被释放后,仍组织多人实施多起违法犯罪活动,并成立了以其本人为首的黑社会性质组织。在扫黑除恶专项活动期间,以王某为首的黑社会性质组织被依法惩处。办案人员在侦办该案时发现,数年前王某曾因一起寻衅滋事罪案件被降格为行政治安案件处理。原侦查人员吴某在办理王某涉嫌寻衅滋事罪案件时存在渎职嫌疑,相关线索已被移送至检察机关。在接手该案后,检察机关办案组内形成了两种不同的意见，一种意见认为，吴某的行为应当认定为滥用职权罪，由于吴某在办理王某涉嫌寻衅滋事罪一案时降格处理，导致王某被无罪释放。王某回归社会后，继续实施违法犯罪活动。吴某违法办案的行为与王某继续实施犯罪行为之间存在刑法上的因果关系，应当认定为滥用职权行为所造成的恶劣社会影响。另一种意见认为，吴某违法办案的行为不必然导致王某实施犯罪的行为，与王某继续实施犯罪行为之间不具有刑法上的因果关系，因此，不应认定该恶劣社会影响属于滥用职权行为所致。有不少学者表明条件说不具有查明刑法上因果关系的功能，因为，因果关系的条件说极易引发犯罪扩大化。① 能够成为刑法上的因果关系应当是高概率引起结果发生的原因力，因此，有学者提出，可以借助概率和统计学的视角，将高概率引起结果发生的原因力作为判断刑法因果关系的重要参考。基于统计法则判断刑法上的因果关系，确认不法行为与损害结果之间是否具有高概率性，以排除低概率造成损害结果的原因行为。结合该案，笔者赞同第二种意见，吴某违法办案的行为并不高概率导致王某后续的违法犯罪行为，因此，两种行为之间尽管符合事实上因果关系的条件说，但是并非高概率引发结果的原因行为，故不能认定具有刑法上的因果关系。

① 参见[意]杜里奥·帕多瓦尼：《意大利刑法学原理》(注评版)，陈忠林译，中国人民大学出版社 2004 年版，第 118 页。

第三章
CHAPTER THREE

以系统性思维解释与适用法律

系统性思维是法律适用中极为重要的司法维度，涉及体系性思维、解释方法及其运作机制等问题。当静止的法律条文需要融入动态的法治实践时，系统性思维就成了关键枢纽。具体言之，就是要让法律条文活在法典里，从整个法典的系统性层面去理解和适用法条；要让法律条文活在法学理论里，要用逻辑自洽的法学理论去理解和适用法条；要让法律条文活在百姓的生活里，法律适用要尊重生活常识与风俗习惯，避免知识的傲慢与脱离实际；要让法律条文活在统一的法秩序里，法律适用应当与国家的整个法律制度体系的价值相和谐。当前司法实务中，阻碍以系统性思维适用法律的情形主要表现为片面、范式化适用法律，因此，可借助罪过位阶论、法律解释规则、法秩序统一性原理以及民刑程序协调机制等方法，形成法律适用的系统性思维。

第一节

法律适用实务中系统性思维的缺位现状

“体系源自构思与思考的整体”，知识只有在体系架构下才能够充分表现出来。① 以系统性思维解释法律，就是要注重法体系的内在要素以及要素间的逻辑关联，从而保障法秩序的统一。

“法体系一则牵涉法律工作范围内的体系性思考，一则是将整个法理解为一个社会体系的构想。法律工作范围内体系性思考的目标是，将众多的规范与事实问题安排进一个秩序里，由此创造出一个统一体。”② 法作为统一的价值体系，在司法适用中应注重法典整体的价值取向。然而在法律实践中常出现以下两种不当做法：一是片面、孤立地适用法律条文，罔顾法典的系统性；二是过度重视条文字面含义，死抠条文字眼，不顾社会现实与案件具体情事，造成司法的机械化、范式化。

一、司法实务中孤立、矛盾性适用法律的情形

（一）孤立适用法律的示例

在司法实践中，片面、孤立地适用法律条文，不顾法典系统性的情形

① 参见顾祝轩：《体系概念史——欧陆民法典编纂何以可能》，法律出版社 2019 年版，第 15 页。

② 陈爱娥：《法体系的意义与功能——借镜德国法学理论而为说明》，载《法治研究》2019 年第 5 期。

较多,较为典型的一种做法就是否定涉罪合同的效力。例如,浙江省高级人民法院(2012)浙商终字第52号民事判决书的判决理由为:"法定代表人以公司名义订立借款合同向外借款构成非法吸收公众存款的犯罪,已经被判处刑罚,涉案借款合同行为是公司法定代表人犯非法吸收公众存款罪的一部分,应当认定为该合同违反我国《合同法》第52条第3项之规定,属于'以合法形式掩盖非法目的'的行为,应当否定合同的效力。"类似的裁判倾向在我国司法实务中极为普遍。否定合同效力的观点主要包括以下几点理由:首先,法律强制性规范体现的是国家利益和社会公共利益,私权应让步于这些法益,因为刑法所保护的是更为宏观的国家利益,应当优先受到保护,对于违反法律强制性规定的行为应否定其效力;其次,主张保持法的同一性,可以避免发生民事与刑事裁判对同一法律事实的责任认定出现矛盾,因此否定涉罪合同的效力能够保证民事与刑事程序对案件作出一致评价;再次,认为公安机关运用刑侦手段调取到的证据真实性高,有助于查清案件事实,有利于保障债权人的权益;最后,认为涉罪的民事合同符合我国原《合同法》第52条第3项之规定,犯罪行为人将民事合同作为犯罪的手段,其目的是以合法的合同形式掩盖其非法的犯罪行为,合同关系已经被刑法否定,合同当然无效。①

笔者在司法实务中曾因合同效力问题与侦查机关产生观点分歧。侦查机关在办理王某涉嫌挪用资金罪一案时查明:王某是某信用社的工

① 参见詹巍:《论商事裁判中刑民交叉案件的犯罪构成与合同效力认定》,载《法治研究》2016年第6期。

作人员,其利用职务便利,将信用社的资金300万元用于偿还自己合法的民间债务,王某的债权人林某对于王某用于还款的资金系挪用自信用社一事,并不知情。侦查人员认为,林某取得的300万元系王某挪用信用社资金所得,应作为赃款追回,理由是国家利益高于个人利益,且犯罪所得依法应予追缴。但该观点实质上是以公权力否定王某与林某之间正完成的合法民间借贷关系,强制干预既定的民事法律行为。

上述否定涉罪合同效力的做法,是较为典型的在法律适用中忽视法典系统性的表现。我国《民法典》第146条规定:“行为人与相对人以虚假的意思表示实施的民事法律行为无效。以虚假的意思表示隐藏的民事法律行为的效力,依照有关法律规定处理。”依据该法律规定,只有行为人与相对人恶意串通,损害他人合法权益的民事法律行为才应认定为无效。而在上述案例中,行为人并非与合同相对人存在恶意串通,仅因与犯罪行为相交叉就忽视民法中对于合同效力的相关法律规定,此种不顾法典系统性的错误做法不利于法秩序的价值统一。

(二)矛盾性适用法律的示例

法律适用应维护法律体系的协调性与整体性,但若“只见树木,不见森林”式的片面解释条文,往往造成裁判冲突或实质不公。比如张文中案:2008年,物美控股集团有限公司创始人、董事长张文中被河北省衡水市中级人民法院以诈骗罪、单位行贿罪和挪用资金罪数罪并罚,判处有期徒刑18年,并处罚金50万元。张文中在一审宣判后上诉。2009年,河北省高级人民法院二审以上述罪名判决张文中有期徒刑12年,并处罚金50万元。2016年,张文中向最高人民法院提出申诉。2018年5月31

日，最高人民法院对该案进行公开宣判，撤销原审判决，改判张文中无罪，返还已执行的罚金及追缴的财产。张文中在一审、二审判决中被认定诈骗罪、单位行贿罪、挪用资金罪三个罪名。本案对张文中挪用资金罪的认定就是典型的矛盾性适用法律。原审法院认定张文中实施了两次挪用资金犯罪的行为，“第一次是 1997 年 3 月 27 日，张文中经与陈某 1、田某 1 商定，将泰康公司 4000 万元资金转移至卡斯特投资咨询中心所控制的账户，再转移至国泰证券公司北京方庄营业部卡斯特投资咨询中心股票交易账户；第二次是为掩盖 4000 万元资金的违规行为，张文中从泰康公司转出 5000 万元资金，经河南国投公司过账，用以归还先前挪用的 4000 万元”①。根据刑法关于挪用资金罪的规定，行为人挪用资金归个人使用或借贷给他人，即符合该罪构成要件。张文中的行为从构成要件看，完全符合挪用资金罪。然而，与之类似的挪用型犯罪——挪用公款罪却存在出罪事由。根据最高人民法院 2003 年《全国法院审理经济犯罪案件工作座谈会纪要》的规定，挪用公款归个人使用的构成犯罪，但若系为单位利益，则不成立挪用公款罪。最高人民法院再审查明，张文中挪用资金系为单位利益。尽管《刑法》第 272 条未规定出罪事由，但相较处罚更重的挪用公款罪，根据当然解释中的“举重以明轻”原则，挪用资金罪更应允许此类出罪。

① 商玉玺、刘三洋：《“发展眼光”刑事政策下民营经济违规行为的刑法规制——以最高人民法院再审改判张文中无罪案为例》，载《法治论坛》2019 年第 4 期。

二、司法实务中机械性适用法律的情形

(一)割裂法律条文与整部法典的系统性及逻辑关联性

实务中另外一种不注重系统性的做法就是过度强调条文字面含义，死抠条文字眼，割裂法律条文与整部法典的系统性、逻辑关联性，不顾社会现实与案件具体情况，造成司法的机械化、范式化。以《刑法》规定为例，较为典型的一种情形就是法律适用往往拘泥于《刑法》分则的具体罪状，而忽视《刑法》总则中的相关规定。笔者曾办理过一起伤害案件：甲、乙二人同住一个小区，某日晚9时许，二人在小区楼下停车场内，因停车问题发生矛盾。相持未果之下，二人发生肢体冲突，甲将乙眉骨打伤致骨折，乙随即报案。该案在公安机关报请批准逮捕阶段，形成两种意见：一种认为甲的行为构成寻衅滋事罪，理由是其随意殴打他人，属于“小题大做”类型的滋事行为；另一种认为甲的行为构成故意伤害罪。这一分歧的实质在于司法人员忽视了两罪法益的差异。

我国《刑法》第293条规定了寻衅滋事罪，根据司法解释，随意殴打他人，致一人轻伤，或者致两人轻微伤的情形，应当认定为寻衅滋事罪，认定属于寻衅滋事罪的观点就是以该司法解释为依据，这种认定的错误，其根源在于割裂了《刑法》分则条文与该罪各所保护的具体法益之间的联系。寻衅滋事罪规定于《刑法》第六章中，该章罪名均以破坏社会管理秩序为保护客体。而结合该案，甲、乙的纠纷发生在人流量相对较少的夜间停车场内，很难认定为侵害了社会公共秩序的法益。所以，在该案中，甲、乙二人的行为模式尽管与寻衅滋事罪的犯罪构成相一致，却与寻衅滋事罪所保护的法益不相符。当某一行为同时符合口袋罪和具体

罪名的构成要件时，应优先适用具体罪名，以防口袋罪被滥用为“万能罪名”。①

（二）割裂个案与集团犯罪间的整体性

实务中另一种较为常见的忽视系统性适用法律的情形就是，个案的认定与集团犯罪的认定相矛盾，割裂个罪与组织内犯罪间的关联。以组织、领导、参加黑社会性质组织犯罪为例，涉黑社会性质组织的犯罪往往包含多个个案，个案的性质、行为模式等决定黑社会性质组织犯罪的认定，因此，对黑社会性质组织犯罪案件应坚持整体性、系统性的思维认定模式，避免对组织内个罪的认定出现矛盾。

例如，在薛某等 34 人组织、领导、参加黑社会性质组织罪案中，②组织犯罪中的其中一起聚众斗殴罪，对于该罪的认定，检察机关在审查起诉阶段改变了公安机关在侦查阶段的认定，变更故意伤害罪为聚众斗殴罪。理由为，故意伤害罪的主观故意、伤害目的具有单一性及确定性，但从涉黑案件的整体性把握和分析，案件是基于薛某被砍后的报复心理而引发，尽管其殴打的目的具有特定性，但其主观目的是确立该黑社会性质组织及其头目的地位和威望，这与普通故意伤害的主观目的存在区别。因此，应当认定该起犯罪为聚众斗殴罪，而非故意伤害罪。

黑社会性质组织犯罪的认定应当坚持整体性、系统性思维，个罪的认定和定性应当与黑社会性质组织犯罪相统一。实务中，应当注意保持

---

① 姜涛：《刑法的明确性与口袋罪之限缩适用——兼论“明确优于不明确”公式的运用》，载《政治与法律》2023 年第 4 期。

② 参见内蒙古通辽市中级人民法院刑事附带民事判决书，(2019) 内 05 刑初 42 号。

组织内犯罪成员身份立场与犯罪行为性质的一致性，同时避免个罪之间、个罪与组织犯罪认定出现矛盾。

第二节

运用系统性思维解释与适用法律的路径

系统性解释要求在法律适用中遵循法律体系的无矛盾性，保持法律内部的整体性。体系解释需将条文置于整个法律体系的语境下，确保其统一性。正如拉伦茨教授指出，规范解释应考察条文的意义脉络、体系地位及其在整体规整中的功能。[①] 此外，解释应以整部法典为基础，注重行为对法益的危害程度，避免认定结论或处断结果的矛盾。

一、罪过位阶论在以系统性思维解释法律中的适用

在司法适用过程中，应当注重《刑法》总则与分则之间，以及《刑法》分则各个具体罪名之间的协调性，实现罪刑责相适应，避免出现处断的不当。例如，我国《刑法》规定，滥用职权，造成个人财产直接损失 10 万

① 参见[德]卡尔·拉伦茨：《法学方法论》，陈爱娥译，商务印书馆 2018 年版，第 204 页。

元以上的，应当予以追诉；玩忽职守，造成个人财产直接损失15万元以上的，应当予以追诉。假如行为人一次滥用职权，造成个人财产直接损失8万元，一次玩忽职守，造成个人财产直接损失12万元，该情形应如何处断才能实现罪刑责相一致。依据《刑法》条文关于滥用职权罪、玩忽职守罪的立案标准，该案行为人造成损失的数额既没有达到滥用职权罪的立案标准，也没有达到玩忽职守罪的立案标准，但是，从行为危害性层面以及两次行为叠加造成损害后果的严重性层面考量，该行为都要比玩忽职守罪的危害后果严重。案件中的行为人两次行为叠加造成的损害后果明显高于玩忽职守的入罪标准，法律适用应当兼顾法典的统一性，如果不将该案的行为性质认定为犯罪，则会出现法律适用的不协调。

类似的情形在司法实务中屡见不鲜，如果仅单独考量个罪的犯罪构成，则上述案件中的情形难以认定为犯罪。但是，从刑法条文的整体性、处断的协调性以及行为实质的可罚性等方面考量，应当将该行为评价为犯罪并予以苛责。为了防止出现刑罚处罚漏洞，刑法学理论界以回避可能性高低作为故意和过失的区分标准，并结合有利于被告人等原则考量，提出了罪过位阶理论。张明楷教授认为："故意责任的本质是认识到了构成要件事实；过失责任的本质是具有认识构成要件事实的可能性。"①因而，故意与过失之间存在位阶关系或者大小关系。罪过位阶理论包含两个方面的内容，"一是故意可以评价为过失犯罪；二是过失不能

① 张明楷：《论表面的构成要件要素》，载《中国法学》2009年第2期。

升格评价为故意犯罪”①。根据罪过位阶理论,“量刑反制定罪”是指通过对具体个罪的犯罪构成要件进行法律解释,以协调量刑达到裁量妥当,避免法律适用中发生矛盾冲突或者不相协调的量刑裁量。“量刑反制定罪”并非“以刑定罪”,“以刑定罪”明显有悖于罪刑法定原则,而“量刑反制定罪”是在罪刑法定原则允许的范围内,基于理性目的考虑和量刑妥当性,对构成要件进行实质性的解释而达到罪刑责相一致。对危害结果认识程度上的差别——结果回避可能性的高低,是区分故意和过失两种罪过形态的其中一个标准,同时又是故意和过失两种罪过形态的一个共同要件,故意犯罪是对犯罪结果持希望或放任心理;过失犯罪是对犯罪结果应当预见而由于疏忽大意没能预见或者对危害后果已经预见但轻信能够避免,既然结果回避可能性的高低能够作为区分故意与过失的标准,那么,就可以将结果回避可能性进行量化以区分故意与过失在主观方面的位阶关系,对于结果回避可能性较高的故意可以降格为结果回避可能性较低的过失予以适用。

滥用职权罪的主观罪过表现为故意,行为人明知自己无权利或者超出了权限范围而故意为之,对犯罪后果持有希望或者放任的意志因素。根据罪过位阶理论,从结果回避可能性高低来考量,故意的结果回避可能性要高于过失的结果回避可能性,因此,可以将结果回避可能性较高的故意降格解释为结果回避可能性较低的过失,在《刑法》分则条文中,存在与滥用职权罪的故意犯罪相对应的过失犯罪——玩忽职守罪。因此,在上述案件

① 宋盈:《故意过失位阶关系研究——罪过位阶论的建构及倡导》,载《河南财经政法大学学报》2016 年第 3 期。

中,可以将行为人滥用职权,造成个人财产直接损失8万元后果的行为降格解释为玩忽职守,与其玩忽职守,造成个人财产直接损失12万元的行为合并评价。罪过位阶论在系统性解释法律中的适用,有利于维护刑法整体适用的协调性,避免出现罪刑责不相一致的后果。

二、系统性视角下法律解释规则对法律适用的统合功能

法条是有生命的,但文字形式的法条处于未被激活的状态,此时的法条与生活有着巨大的鸿沟。法条的生命源于解释,经过解释的法条才能适用于案件,跨过鸿沟作用于生活;系统性适用法律也通过法律解释规则实现罪刑相一致。

(一)法律解释的必要性与方法

法律条文都是以文字为载体表现出来的,由于文字的多样性、不确定性,法律条文固然存在被不同适用的情形。由于法律具有滞后性,法律条文与快速发展的社会之间总存在脱节,这些因素都迫使法官在案件裁判中的作用发生着深刻变化。法官的职责不应仅仅是在三段论的逻辑中故步自封地论述案件,而是应当走出这一判案模式,赋予其更多解释法律的权利。法律解释对于法律制度的构建具有推动作用,法官在裁判过程中,结合社会发展、法律条文制定的背景及意旨,对法律条文进行解释,解释的过程对于法律制度的重构、完善具有积极作用。

近年来,法学界对法律解释的关注度日益增强,正如季卫东教授所说,"中国正在历经一个解释者的时代"①。学者对法律解释的研究重点

① 季卫东:《法律解释学大有发展》,载《东方法学》2011年第3期。

也逐渐由重视立法的解释学,转向重视司法的解释学。这种变化的原因,主要是法律解释学的研究长期以来都着眼于理论方面,甚至向哲学方面延伸,恰恰遗忘了法律解释的目的、任务应当是为司法实务提供指引。学者们认识到这一现状,逐步将法律解释的重点转移至法律实践中来,试图以规则化的形式,分类法律解释中的抽象原理,为法律解释提供一套可操作性的规则体系,从而实现为司法提供技术支持的目的。①

(二)法律解释规则的体系

法律解释,是指运用各种解释方法,对法律条文进行释义。

文义解释也被称为字面解释、文法解释,在英美法系国家也被习惯地称为字面文义解释规则。文义解释是指按照法律条文的字面本意对其进行解释的方法,文义解释的优越性在于,其最能够保障法律的确定性、稳定性,保持法律的可预见性。所以,文义解释在所有的法律解释规则中具有优先被适用的地位。论理解释在英美法系国家中被称为"黄金规则"②,强调的是法律解释的方法不应仅局限于法律条文字面的意义,应当采用灵活的解释方式,通过探求法律制定的背景、立法意图、

① 参见李亚东:《我们需要什么样的法律解释学——法律解释规则理论研究》,载《法学论坛》2015 年第 4 期。

② "黄金规则"是英美法系国家中法律解释的重要规则,是指法律条文一般应按照条文字面的本意进行解释,但这一规则并非一成不变,若按照文义字面意思进行解释,会在某一具体案件中产生非常不合常理或出现令人难以接受的判决结果,而与立法者的初衷相悖时,法官应采用变通的解释,无须拘泥于法律条文字面的解释,以避免出现案件裁判结果的不公。参见李亚东:《我们需要什么样的法律解释学——法律解释规则理论研究》,载《法学论坛》2015 年第 4 期。

意旨，分析法律条文内在与外在的资料，来综合确定法律条文制定的确切目的。[①] 目的解释，是结合立法意图、规制目的等对法条进行的解释。体系解释，是在整个法律体系的语境下进行解释，是为保持法律体系的统一性进行的解释。体系解释应当有两层含义，一是用来解释法条的理论是体系严谨、逻辑自洽的；二是对某一法条的解释要与对《刑法》其他条款的解释相协调。社会学解释，是指在解释法律条文时，运用社会学的方法，着眼于预测社会效果及目的衡量，在法律条文的字面意思范围内解释法律规范的意义，体现社会效果和法律效果的统一。

（三）法律解释方法的实务应用

法律解释方法的选择及其使用顺序问题，成为近年来法学界关注和研究的重点。选择不同的解释方法，在相同类型的案件中，可能会出现相悖的结论，这在司法实践中经常出现。例如，在著名的里格斯诉帕尔默案中，格雷法官按照文义解释的方法，得出该案被告享有继承权的判决结果；而厄尔法官按照法意解释的方法，却得出被告不享有继承权的相反判决结果。该案作为解释方法适用论的典型疑难案件，被广泛传播。[②] 因此，亟须为法律解释方法确立序位表。

综合学者们近年来的诸多研究论述，我们大致可以得出关于法律解释方法序位的以下结论。文义解释优先适用，当适用文义解释得出多种结论时，则应用体系解释进一步明确法律词语的用意；若按照文义解释

---

① 参见宋保振：《法律解释方法的融贯运作及其规则》，载《法律科学（西北政法大学学报）》2016 年第 3 期。

② 参见李亚东：《我们需要什么样的法律解释学——法律解释规则理论研究》，载《法学论坛》2015 年第 4 期。

与体系解释仍然难以确定结论，或者出现如里格斯诉帕尔默案件中的相互矛盾结论，则应考虑适用法意解释；若适用法意解释得出的结论违背案件公平正义，则应适用目的解释。

法律解释方法的序位排列，为法官判案提供了便于操作的方法论，正如德国拉伦茨教授所说，“以此虽然不能够成为一种固定的——各种法律解释标准之间的——位阶关系，但得以终局地确定个别法律解释的重要性；毕竟，它们不是无所关联的并立关系而已”①。法官可以借鉴这一法律解释的序位排列，使法律解释方法运用至司法实务中，节省法律思维的成本。

法律解释方法的序位排列以各个解释方法所承载的价值为基础。文义解释保障法律体系的可预测性与安定性；体系解释维护法律的和谐性；立法解释体现立法者的意图；目的解释则追求法律的公平正义价值。文义解释优先表明，法律的可预测性与安定性应被首先重视，其次是法律的和谐性，再次是立法意图，最后才是个案的正义。这种以价值为本位的序位安排，既保证了法律解释体系的完整性，也为司法实践提供了方法论指导。

我国《刑法》第 140 条规定了生产、销售伪劣产品罪，销售金额 5 万元以上不满 20 万元的，处 2 年以下有期徒刑或者拘役，并处或者单处销售金额 50% 以上 2 倍以下罚金；销售金额 20 万元以上不满 50 万元的，处 2 年以上 7 年以下有期徒刑，并处销售金额 50% 以上 2 倍以下罚金；销售金额 50 万元以上不满 200 万元的，处 7 年以上有期徒刑，并处销售金额 50% 以上 2 倍以下罚金；销售金额 200 万元以上的，处 15 年以上有期徒

① ［德］卡尔·拉伦茨：《法学方法论》，陈爱娥译，商务印书馆 2018 年版，第 221 页。

刑或者无期徒刑,并处销售金额 50% 以上 2 倍以下罚金或者没收财产。笔者曾办理过一起行为人非法销售过期调味品的案件,侦查机关查明的案件事实为,行为人在某辖区的超市内大量收购已过期的各类调味品,并雇用 3 人对这些已过期调味品外包装的生产日期进行涂改,并将已涂改完成的调味品返销至辖区内各大超市进行二次销售。侦查机关查明的销售金额仅能确定已超过 5 万元,而无法查清具体数额是否达到 20 万元,这种情形应如何处理?根据存疑时有利于被告人的原则,不能对各行为人适用第二档(销售金额 20 万元以上)的法定刑。但问题在于,能否适用第一档(销售金额 5 万元以上不满 20 万元)的法定刑?如果严格按照"事实存疑"处理,似乎连第一档也无法适用。但是这种结论明显不合理,从体系性适用法律以及刑罚的整体协调性层面考量,该案各行为人销售过期调味品超过 5 万元的行为,完全符合生产销售伪劣产品罪的犯罪构成,同时又具有刑法意义上的可苛责性;按照体系解释规则的要求,应当保持法律体系的无矛盾性、保持法律内部的整体性。由此可见,"5 万元以上的销售金额"是构成生产、销售伪劣产品罪的违法性要素,但"不满 20 万元"这一要素,基于体系解释,不应认定为违法性构成要件,而应当解释为刑法针对不同档次法定刑设置的适用条件。因此即便不符合"不满 20 万元"的要求,仍可适用《刑法》第 140 条第一档 2 年以下有期徒刑。

因此,以系统性思维解释与适用法律应当妥当运用各种解释方法,"减少具体犯罪之间的对立关系、排他关系,增加具体犯罪之间的包容关系,进而使具体犯罪之间更为协调,从而实现刑法的正义性"①。

① 张明楷:《论表面的构成要件要素》,载《中国法学》2009 年第 2 期。

三、以系统性思维解释与适用法律应坚持法秩序统一

(一)法秩序统一性原理概述

正如德国学者罗克辛所言,如果一种行为在一个法律部门是合法的,那么在整个法律秩序内它都应当被允许,不能因此受到刑事处罚,否则将造成不可容忍的价值矛盾。① 可以说,法秩序统一性原理能够保障法体系具有一致的价值评判,解释与适用法律都应当遵循该原理。

法秩序统一性原理自引入我国刑法理论之后,引起我国法学学者的广泛关注与讨论。陈兴良教授认为,在合法化事由上,各个部门法应当具有统一的根据,其中在一个部门法中的合法行为,不应在另一个部门法中被认定为违法。处理刑民关系的时候,在法秩序统一原理的指引下,要看某一行为在民事上是否合法,如果在民事上是合法的,便可以排除犯罪的存在。周光权教授认为,"在刑法中,不能将行政法上或者民法上合法的行为,认定为犯罪行为;民法性或者公法性的许可能够排除行为的违法性"②。具体言之,如果将行政法或者民法中被认为适法的行为作为犯罪处理,便会出现难以接受的价值矛盾。童伟华教授认为,"无论是民事违法、行政违法抑或刑事违法,作为其上位的违法性的判断应当是统一的"③,但是在保护法益这一根本目的同一的前提下,仍应当承认不同的法律部门有其不同的功能,因此,同一不法行为在不同法域,其法律效果不一定完全相同,而且,由于不同法域不同的规制范围、不同的学术解释,也会导致对

---

① 参见[德]克劳斯·罗克辛:《德国刑法学总论》(第1卷),王世洲译,法律出版社2005年版,第397页。

② 周光权:《非法倒卖转让土地使用权罪研究》,载《法学论坛》2014年第9期。

③ 童伟华:《日本刑法中违法性判断的一元论与相对论述评》,载《河北法学》2009年第11期。

同一概念会有不同的理解,这种情况并不违背法秩序的统一性,而是体现了法秩序的相对性,是在坚持违法一元论前提下的合理缓和。综合以上各位学者的观点,可以看出各种学术观点均坚持了法秩序统一性原理的基本规则,即在民商法领域被认定为合法的行为,应排除刑法意义上的可苛责性;只有为民商法所反对的行为,才有可能被认为是犯罪行为。

(二)法秩序统一性原理的司法适用

法秩序统一性原理用于调和法体系内部的法价值,经常被适用在民刑交叉、行刑交叉类型案件中。在民刑、行刑关系中,刑法通常被视为保障法和后置法,并为其他法律提供最终的、最严厉的制度保障。

以一则笔者办理过的案件为例,这起案件是典型的民事、刑事交叉的案件,法律关系错综复杂,证据之间存在明显矛盾。① 经查阅案件材料

---

① 基本案情:天顺公司成立之初,林某为该公司的法定代表人,持有公司 100% 股份。后因天顺公司资金紧张,林某以公司名义向刘某借款 1000 万元用于公司地产开发。据刘某证实,除向天顺公司出借 1000 万元外,林某还从其朋友周某处陆续借款 600 万元,用于天顺公司进行地产开发。一年后,天顺公司仍因资金问题,无法继续进行地产开发,林某遂将公司股份分为两份,一份以 800 万元转让给周某,另一份同样以 800 万元转让给该案的犯罪嫌疑人张某,周某与张某各占天顺公司 50% 的股权,且已经办理了工商行政登记,法定代表人登记为张某。张某任天顺公司法定代表人后,刘某以天顺公司尚欠其 1000 万元借款为由,诉至法院,请求法院判决天顺公司返还刘某 1000 万元借款的本金及利息,此案经两级法院审理后,作出终审裁判,判决由天顺公司给付刘某 1000 万元本金及利息,该案已经由法院执行完毕,刘某取得天顺公司给付的 1000 万元本金及利息。刘某诉天顺公司民间借贷案件执行完毕后,该案犯罪嫌疑人张某制作了虚假的借款协议,转移了天顺公司名下 44,000 平方米土地至和顺房地产开发公司名下,和顺房地产开发公司为张某设立并实际控制的地产公司。该案被害人周某(持有天顺公司 50% 股权的股东),以其股东权利受害为由,以张某涉嫌职务侵占罪控告至公安机关,请求立案。

后,司法机关认定该案的焦点在于周某持有天顺公司50%股权的股金来源。依据证据材料,如果周某取得的天顺公司50%的股份是从刘某处取得的投资款,则刘某已经依据终审法院的生效判决,取回了该1000余万元投资款,故周某持有的50%的天顺公司的股权丧失了权利基础。该案中,周某持有天顺公司50%股权的资金来源尚未查清,虽然工商登记显示天顺公司的股东为张某与周某,但由于周某的投资款来源不清,导致其股权实质归属存在疑问,进而影响对犯罪嫌疑人张某公司处分权的认定。若张某享有实质意义上对天顺公司的处分权利,则认定其涉嫌职务侵占罪不能成立。只有先确定天顺公司的股权问题,才能考量张某处分天顺公司44,000平方米土地使用权的行为是否涉嫌职务侵占罪。

法秩序统一性要求民商事领域合法的行为,不应当被评价为犯罪,但是,民商事法域内违法性的判断不同于刑法上违法性的判断,"不能过于形式地、机械地将民商事违法、行政违法直接作为刑事违法的判断根据,而应当承认刑法上所固有的违法性判断,进行实质化、规范化的思考"①。

尽管刑法被作为后置法、保障法,但是仍然不能脱离刑法本身关于违法性的实质要求进行判断,司法实务中,经常发生直接援用行政机关的决定或鉴定意见作为定罪依据的情形。以危险驾驶罪为例,最高人民检察院2023年公布的主要高发犯罪类型数据显示,危险驾驶罪、盗窃罪与帮助信息网络犯罪活动罪为前三位序的高发罪名,危险驾驶罪规定在危害公共安全秩序罪一章中,其中一条立案标准为,血液中酒精含量达到80毫克/100毫升以上的,构成危险驾驶罪。我们探讨一下对于以下

---

① 周光权:《法秩序统一性原理的实践展开》,载《法治社会》2021年第4期。

三种情形的醉酒驾驶行为应如何认定:(1)行为人前一天晚上与朋友喝酒,第二天早上驾车上班的行为。(2)行为人晚上与朋友饮酒至深夜11时后,请代驾把行为人送至其居住的小区门口,行为人自己将车开入小区停车场内。(3)疫情封控居家隔离期间,一日傍晚,行为人在家自饮,此时其父亲突发心绞痛,亟须住院治疗,行为人随即喝一瓶解酒口服液后,驾车送其父前往医院的行为。上述三起案件的行为人经鉴定每100毫升血液中的酒精含量均超过80毫克的立案标准,且具有以下法定从宽情节:一是行为人血液中的酒精含量刚过立案标准,且醉驾发生在行人及车辆较少的时间段;二是行为人主观恶性较小,均采取了保障安全驾驶的措施;三是行为人均没有实施其他违反交通法规的行为,且未造成实际损害后果;四是行为人均认罪悔罪,无不良驾驶记录,社会危害性较小。笔者认为,司法鉴定意见是全案证据种类之一,司法机关应当结合案件的具体情形、行为的社会危害性、行为人的主观恶性等因素综合判定,不能机械地将鉴定意见直接作为刑事违法性的唯一判定根据。

首先,对于前两起案件,从危险驾驶罪的法益保护目的分析,笔者认为不应当认定为犯罪。醉驾型危险驾驶罪规定在我国《刑法》分则危害公共安全罪一章,其所要保护的法益是道路交通的安全与顺畅运行。结合危险驾驶罪所保护的法益及立法目的,我们能够看出前述两起案件的醉驾行为仅仅是血液中酒精含量的鉴定达到法定的构成犯罪标准,但是从刑法违法性层面考量,醉驾的构成犯罪标准仍应当坚持实质性解释立场,应当根据行为人醉酒程度、行为表象等方面进一步实质性判断行为人安全驾驶的能力，进而确定醉驾行为是否存在抽象危险。① 酒测含量的鉴定意见仅是一种客观化的事实，与行为人驾驶时的具体主客观情形均无关。第一起案件行为发生在饮酒之后的第二天早上，行为人是在经过一夜休息之后驾车，而并非在饮酒之后直接驾车，应当认定主观恶性较小；第二起案件行为发生在小区停车场内，从案发的时间及地点看，人流量及往来车辆极少，且行为人请代驾将车辆开至小区门口，具有防止危害结果发生的行为，同样应当认定主观恶性较小。因此，前两起案件的行为人均具有防止危害后果发生的行为及意识，从侵害公共安全秩序的法益层面考量，具有显著轻微的违法性，不认定为犯罪较为妥当。

其次，对于第三起案件，应当考虑行为人是否存在违法性阻却事由。我国《刑法》第 21 条规定，为了使国家、公共利益，本人或者他人的人身、财产和其他权利免受正在发生的危险，不得已采取的紧急避险行为，造成损害的，不负刑事责任。在第三起案件中，行为人醉酒驾驶的行为发生在疫情较为严重的封控期间，很难找到出租车、代驾或者乘坐其他公共交通工具，其父亲突发心绞痛，稍微耽误就医时间，就有可能造成严重的后果，在此情急之下选择自驾符合人之常情，其主观恶性应当与其他危害公共安全的醉驾行为相区别。而且，在疫情封控期间，依常识能够判断出马路上的行人及车辆均较少，因此，应当认定该醉驾行为不具有危害公共安全的法益侵害性。紧急避险的违法性阻却根据，在于法益价

---

① 参见徐苗：《"醉驾"实质解释立场之提倡》，载《云南大学学报(法学版)》2013 年第 1 期。

值的衡量，“即在价值较高的法益陷入紧急危险状态时，为了保全该法益而牺牲其他较小法益”。①

综上所述，系统性解释与适用法律应当坚持法秩序统一性原理，在法秩序统一性原理之下，刑事违法性的认定，一方面应当兼顾民商事法律和行政法的规定，另一方面也应当实质审查其违法性构成，以确保法体系协调与价值判断的一致性。

四、以系统性思维解释与适用法律应重视民刑程序间的调和

（一）司法实务中的重刑轻民

重刑轻民的思想在我国法治进程中根深蒂固，先刑后民作为一项原则性模式有其产生的背景。“当国家利益、集体利益和个人利益发生冲突时，国家和集体利益是公权力首先保护的对象。因而，先刑后民作为一项有中国特色的司法制度，迄今仍然发挥着举足轻重的作用。”②

1979 年最高人民法院颁行的《人民法院审判民事案件程序制度的规定（试行）》（1982 年废止）中规定，“民事案件通过调查审查，发现有需要追究刑事责任的，可按刑事附带民事或先刑事后民事处理”。这是我国法律条文中首次出现“先刑后民”的字眼。在此之后，1985 年 8 月最高人民法院、最高人民检察院、公安部颁布《关于及时查处在经济纠纷案件中发现的经济犯罪的通知》（已失效），该通知首次确立了民刑交叉案件的

---

① 刘颖恺：《可归责性与避险限度的规范性认定》，载《甘肃政法大学学报》2024 年第 1 期。

② 刘高等：《民刑交叉中合同效力的认定及诉讼程序的构建——以最高人民法院相关司法解释为视角》，载《法学家》2015 年第 2 期。

处理原则为先刑后民。1997 年 12 月 11 日，最高人民法院公布《关于审理存单纠纷案件的若干规定》，从这一规定可看出，若刑事案件的处理不影响民事案件的进行，则刑民诉讼程序可同时进行，该规定确立了民刑交叉案件中民刑并行的处理原则，从而动摇了先刑后民在司法界一贯的主导地位。

先刑后民处理模式的弊端不断显现，越来越多的学者与司法实务者提出了怀疑，出现了区别处理与分别审理两种观点。区别处理的观点认为，民刑交叉案件实质上涉及的是国家利益与当事人权益如何平衡的问题，国家利益与当事人权利应当是平等的，只不过各自适用的程序法与实体法不同，不存在权利保护的先后与优劣，只要依据相应的原则和证据规则，对因不同法律事实分别引发的两类案件进行处理即可。

陈兴良教授对先刑后民原则的适用持否定态度，具体的理由归纳为以下三点：一是先刑后民原则并非法定原则，其体现公权优先的价值理念，与现代私权优先的法治理念相背离，剥夺了民事主体在程序上的选择权；二是容易被某些司法机关滥用司法权，利用司法权干预正常的经济活动；三是先刑后民侵犯民事主体的实体权利，阻碍当事人合法权益的实现。① 尤其在公安机关办案过程中，先刑后民的观念根深蒂固，但凡涉罪的民事案件，民事法庭一律中止审理，均等待刑事的裁判结果。这一做法严重侵害了民事当事人的合法权益，由于刑事案件的久侦不破、久审不决，当事人合法的民事权利难以实现。

---

① 参见陈兴良：《"先刑后民"司法原则问题研究》，载《上海交通大学学报》2007 年第 2 期。

（二）公私法视域下民法与刑法之间的调和

“私法自治”源于德国民法，在法国民法中被解释为“意思自治”，在日本法中被定义为“私的自治”。我国根据日本法中的定义，将其解释为“私法自治”。从公私法划分产生、发展的历史进程中，我们能够看出私法优先产生，私权受到优先保护；公权力欲介入私法之中，必须经过正当性的证成，否则不得干预私权的自由行使。

首先，私权作为民事主体基础性的权利，从其产生历史可以看出，私权先于公权产生，在市民社会起到基础性作用。古罗马时期的私法体系极为完备，私法部门法的划分也极为具体，有市民法、万民法和自然法等。罗马时期的《十二铜表法》规定：“凡以遗嘱处理自己的财产，具有法律上的效力。”该法律规定体现了意思自治的产生，代表了私权自治的思想精髓。自古罗马法时期至以后的数个世纪以来，私法成为法学界重点关注的对象。私权自治成为私法领域的基本原则，奉行个体自由，包括婚姻自由、缔结合同自由等诸多方面。16 世纪，法国法学家查理·杜默林提出“当事人意思自治说”，认为当事人对自己行为有依据自己意志进行选择的权利，对依据自己意志的选择应当负责。①查理的这种思想在制度层面为私法自治原则奠定了理论基础。1804 年颁行的《法国民法典》第 1134 条规定，依法成立的契约，在缔约的当事人之间有相当于法律的效力，私法自治的原则首次以法典的形式确立。1900 年私法自治原则在《德国民法典》中得到沿袭。自此之后，私法自治

① 参见刘凯湘：《民法学》，中国法制出版社 2000 年版，第 34 页。

原则被其他国家和地区所采用,成为民法维系自身存在的基础。① 如此,在市民社会的市场交易过程中,每个人都可以按照自己的意思表示,利用自身的优势与能力,自由地选择相对方,自主地选择交易的形式和内容,以此来实现自己的需求。这种自发的交易模式充分体现了民事主体追求私利的主动性及彼此间的互动协调性。在这一模式中,每位民事主体都享有充分的契约自由,免受国家公权力的不当干预。正如德国学者迪特尔·梅迪库斯所说:“自主决定是调节经济过程的一种高效手段,特别是在一种竞争性经济制度中,自主决定能够将劳动和资本配置到能产生最大效益的地方去。其他的调节手段,如国家的调控措施,往往要复杂得多、缓慢得多、昂贵得多,因此总体上产生的效益也要低得多。”②

从私权产生的历史可以看出,私权优先产生,优先受到重视和保护。法律的初衷是有效保障民事主体的私法地位和民事权利,充分尊重其行为自由,尽管私权在经济社会发展过程中也不断被公权力干预,但“私法至上原则”的基础地位并没有被动摇,这就意味着尊重民事主体的人格与自由理念被充分重视。我国正处于一个社会转型的时期,历来就有重视国家行政职权这一公权力的传统思想,私权文化相对落后,因此重视私权这一理念,对我国无疑具有重要的价值。

其次,“私权至上原则”并非保障民事主体具有绝对的自由,绝对的

---

① 参见刘志刚:《基本权利对民事法律行为效力的影响及其限度》,载《中国法学》2017 年第 2 期。

② [德]迪特尔·梅迪库斯:《德国民法总论》,邵建东译,法律出版社 2000 年版,第 143 页。

自由必然导致私权走向极端混乱的局面。国家行政权力的介入和干预，能保障市民社会经济交易的公平和正义。但是，国家的行政干预与私权自由之间总是会产生碰撞，在国家以环境、公平、正义、发展、民生等名义对私权进行干预的过程中，如何把握二者之间的合理限度呢？从公法产生的历史背景可以看出，公权力之所以能够被允许介入私权之中，初衷是实现交易的公平正义，有效保障私法主体的权益。国家行政职权对私法领域进行干预，也必然出于安全、发展、民生等公益目的，行政职权的干预并非随意和不加限制。因此，我们有理由认为，国家的行政干预必须具有合理性，亦即非经正当性之证成，不得限制私权的自由。对于正当性证成之问题，王轶教授提出了可行性的观点，他按照论证的负担规则，主张应当由持正反两方面意见的各方分别对其论点提供正当且充分的论据，通过充分的讨论，证成国家行政职权限制私权自由的正当性。王轶教授进一步说明，持支持国家行政职权应当介入私权观点的一方，必须从实质的正当性以及程序的正当性两方面加以论证。实质的正当性要求以诚实信用原则和公序良俗原则作为限制私权的评判基础，且只有涉及社会公共利益或国家利益的行为，才能成为限制私权的正当理由；程序的正当性要求则需通过充分论证，确保对私权自由的限制具有逻辑一致性，使类似案件得到相同处理。王轶教授提出的这一可行性做法，将国家强制性行政职权限定在一定范围之内，有效防止国家权力过度地介入私权，为私权带来损害。这就意味着在现代法律理念之下，划定强制和自由的界限，需要一个基本原则，亦即自由的领域是可以优先地确认的，强制的范围则需要严格的法律程序才能够确定。① 正如 Jessel 法官在一个案件中所说："我们不应该忘记，你不能粗暴地扩张这一原则，说某一合同因违反公共政策而无效，因为如果有一件事比另一个公共政策有更高的要求，那就是，一个成年人有完全的理解能力，就应该享有最大限度地缔结合同的自由，他在自由和自愿前提下缔结的合同就应该被视为是神圣的，就应该在公正的法院得到强制履行。所以，你必须考虑这一极为重要的公共政策——你不能干涉合同自由。"

（三）我国民事与刑事程序协调路径的探究

近年来，经济类犯罪显著增多，与市场交易行为相关联的犯罪往往在民事和刑事法律关系上存在交叉，必然涉及两种法律责任的承担。合同诈骗会引起民事合同纠纷与合同诈骗罪，故意伤害会引起民事侵权责任与故意伤害罪，吸收公众存款会引起借款合同纠纷与非法吸收公众存款犯罪。刑事责任是行为人的犯罪行为所致的最为严重的谴责性责任；民事责任是民事主体违反民事义务所应承担的法律后果。两种责任性质不同，适用法律不同，彼此之间不可代替，同一个行为同时引发民事责任与刑事责任的，民事责任的承担并不能够影响、否定刑事责任的承担；反之亦然。

民刑交叉案件中，最常见的就是犯罪行为与民事合同行为的交叉。此类案件中，若坚守重刑轻民的司法理念，首先，可能导致被害人的合法民事权利受损。例如，以刑事追赃、责令退赔程序取代民事救济，不仅会

① 参见王轶：《民法价值判断问题的实体性论证规则——以中国民法学的学术实践为背景》，载《中国社会科学》2004 年第 6 期。

限制受害人的民事诉权,还可能变相减轻犯罪行为人应承担的民事责任。此外,刑事追赃与责令退赔的范围仅涵盖犯罪行为直接造成的损害,而合法的利息、孳息等通常不在受偿范围内,若剥夺当事人的民事诉权,将进一步减损其本应该享有的民事权益。其次,民事合同效力的认定本应回归至民法的调整范围之内,刑事诉讼不应对涉罪的合同效力给予否定性评价,涉罪合同的效力有效、无效抑或可撤销,均应由合同法来调整,刑事责任的认定不应否定犯罪行为人民事责任的承担。最后,从刑事诉讼与民事诉讼的程序设计上来看,若因行为人涉嫌犯罪而否定受害人的民事诉权,会导致受害人无法及时得到受偿,民事权益受损。在刑事犯罪中,存在犯罪嫌疑人潜逃、不到案的情况,若犯罪嫌疑人未到案,刑事诉讼可能被无期限拖延,而若允许受害人提起民事救济的诉讼,民事法庭会作出缺席宣判,使受害人的损失得以及时挽回,有利于民事权利的保障。综上所述,民事责任与刑事责任的并行,是“民刑并行”的现实基础。

在司法实践中,我们认为,应当坚持民刑程序间的调和,以“民刑并行”为民刑交叉刑事案件的处理原则。具体表现为:首先,在同一案件中,刑事诉讼已经启动,涉嫌犯罪的行为人已经到案,但受到实际损失的具体受害人尚未明确时,应当适用“民刑并行”,例如,在非法吸收公众存款罪中,涉嫌违法向公众发放贷款的行为人已经到案,并且已经启动刑事诉讼程序,但由于涉及的受害人众多,具体的受害人尚不明确,此时,应当允许民事程序的继续审理,因为民事诉讼中的公告送达等诉讼程序,有助于具体受害人的确定,“民刑并行”既不存在浪费司法资源之虞,又能够使涉嫌犯罪行为人的具体犯罪数额得以明确。其次，在单位犯罪与单位所属工作人员犯罪的情形下，应当适用“民刑并行”，例如，银行的工作人员利用职务便利，在存款业务办理过程中，未将储户的存款存入银行账户内，而是挪作已用，银行的工作人员涉嫌职务侵占罪，但银行与储户之间的金融储蓄合同系真实有效的，若储户起诉银行承担返还存款的义务，应当适用“民刑并行”，尽管储户的损失是银行工作人员所致，但因涉嫌刑事犯罪的行为人与承担民事返还义务的责任人不是同一责任主体，银行工作人员的犯罪行为不能阻却储户正常提起民事诉讼来挽回自己的损失，因此，在司法实践中，应当区分单位犯罪与单位所属工作人员犯罪的关系。再如，民间借贷纠纷案中，债务人的行为涉嫌合同诈骗罪，若民间借贷过程中，存在担保人，债权人可以请求民事法庭判令担保人承担民事责任，担保人的担保责任并不能因债务人的犯罪行为而被否定，责任主体不一致时，应当适用“民刑并行”。再次，若刑事犯罪的行为人与民事义务的承担者为同一责任主体，则应当适用“先刑后民”，因责任主体的同一，在刑事诉讼过程中，法院会依据刑事追赃、责令退赔程序，挽回受害人的损失，因此，从节约司法资源的角度，不应再次提起民事诉讼，这也符合“一事不再理”的原则要求。例如，合同诈骗罪的行为人也是民间借贷的债务人，此时应驳回民事诉讼，适用“先刑后民”。最后，尽管责任主体同一，但若存在犯罪嫌疑人逃匿、不能及时归案的情形，应适用“先民后刑”。民事诉讼中，对于未到案的被告可以做出缺席判决，而刑事诉讼中却没有缺席判决制度，适用“先民后刑”可以防止因被告人迟迟未到案，刑事案件久拖不前，损害受害人的权益。有观点已指出，当犯罪行为人长期潜逃致使刑事诉讼程序中止超过一定合理期限时，被害人及其他权利人若具备提起民事诉讼的条件，其有权提起独立的民事诉讼。①

① 参见张勇健：《在全国高级法院民一庭庭长座谈会上的总结讲话》，载最高人民法院民事审判第一庭编：《民事审判指导与参考》总第 54 辑，人民法院出版社 2013 年版，第 34 页。

第四章

CHAPTER FOUR

刑法案例解析能力的逻辑化构建

法学是一门实践性较强的学科，跨越法学理论与司法实务之间鸿沟需要加强案例研习。刑法教义学的规范性、刑事责任认定的逻辑性以及法秩序价值的同一性等因素，决定了刑法案例的解析应当遵循体系性、规范化和程式化的范式。借鉴德国案例分析法的“程式化演绎”，在我国刑法案例解析能力的培育中，可通过“不法与有责”两阶层犯罪论系统训练逻辑清晰的法律思维，培养聚焦案件焦点的对抗性说理能力，并提升从复杂证据中精准捕捉问题的能力。①

① 参见肖扬宇、李亮：《刑法案例研习教学的构建路径研究——以德国鉴定式案例分析法为基点》，载《河北公安警察职业学院学报》2023 年第 4 期。

第一节

刑法适用逻辑范式的体系化构建

“刑法适用是一个包含事实判断和逻辑推理的复杂过程”①,刑法案例的解析离不开缜密的思辨能力,刑法案例的分析论证过程应当通过培养逻辑性法律思维模式与构建“阶层论”逻辑框架来完成。

一、法律逻辑思维的养成路径

(一)案例解析范式的实务展开

法律适用的过程是以法律规定为大前提,案件事实为基础,对案件争议问题作出裁决的活动。法律适用的相对同一性,既是保障公正司法与提高司法公信力的体现,也是衡量司法公正性和公信力的标准。② 因此,准确地、统一地适用法律不仅需要缜密的思辨能力,而且需要借助规范、严谨、成体系性的演绎方法。

借鉴德国法中“鉴定式案例分析法”的逻辑化演绎过程,笔者尝试构建我国刑法案例的解析方法,通过范式化的案例解析方法,实现法律适用的准确性以及规范性。德国法中的“鉴定式案例分析法”是指,在裁决时首先预设出结论,之后在法律体系中寻找支撑该结论的论证,将法律

① 陈兴良:《刑法教义学中的形式理性》,载《中外法学》2023 年第 2 期。

② 参见张卫平:《法律适用统一的路径和方法分析》,载《云南社会科学》2024 年第 2 期。

体系中与该案裁判相关的所有要素进行全面权衡。这种逻辑思维过程的实质特征在于：根据法律效果来设定其前提要件，且在前提要件的设定中应当遵循特别法优于一般法的原则；论证过程应当符合思维法则、实体法规范和法教义学的结构性要求"，最后进行合目的性的权衡。① 借鉴德国法中的"鉴定式案例分析法"，我国刑法适用的基本方法也可以从"预判的形成、法律条文含义的探寻、案件事实要点的归纳总结、结论符合性的判断"四个层次展开。

首先，面对纷繁复杂的证据，应系统整理并提炼关键内容，进而通过证据还原案件事实，形成对真相的认知。在此基础上，以案件基本事实为依托，建立对案件的初步预判。需要注意的是，对事实认定或条文适用形成预判后，需养成不断反思的习惯，避免固执于先前的直觉或假设。其次，探寻法律条文的含义，即对法律条文进行动态解释，在解释和适用法律条文时应当避免过度揣摩立法本意，不要过分依赖立法解释及司法解释，应当注重结合社会现状进行释义。法律条文解释应避免解释的形式化，一是要知晓具体法律条文的立法目的，二是要客观对待自己已形成的对法律条文的固化理解，三是对法律条文的解释不能超出语句可能的含义，不可歪曲事实。不可否认，对任何一则法律条文的解释都会存在多种可能性，法条中的任何一句话、一个词都有可能作出两种以上的解释，几乎没有哪一句话、哪一个词只能作出一种解释，因此，法律解释过程中应当想到多种可能性，从多种可能性之中选择一种最适合的解

---

① 参见[德]德特勒夫·雷讷：《鉴定式案例分析法的基础与技术》，黄卉编译，载《法律适用》2021 年第 6 期。

释结论。再次，结合法律规定的要义从案件事实中提炼要点进行归纳总结，事实要点的提炼、归纳一定要以犯罪成立的条件为指引，即对案件具体事实的归纳要以可能适用法律的犯罪构成要件为基础，不能离开构成要件随意确定行为性质。案件事实的归纳应当全面、精细，不能把案件事实固定化，应当多层面考量案件事实可能具有的不同属性、不同侧面，按照构成要件要素的要求进行精细化归纳。最后，进行结论符合性的判断。对于结论符合性的判断并非要求案件事实与刑法规定完全一致，而是要求案件事实不缺少法律条文所要求的构成要件要素，以及各要素之间不缺少关联性。很多案件的结论会同时符合两个以上犯罪的构成要件，涉及想象竞合的情形很多，判定结论符合性时，不应当将多种犯罪构成之间的关系都认为是对立关系，应当重视竞合的认定，从而根据规则选出更适合的结论。在得出结论后，要权衡各方利益、综合社会效果等因素，反思结论的妥当性。判定结论是否合理，需要考量社会公众的法情感取向、法秩序的统一以及社会行为的指引作用，最终从政治效果与社会效果层面进行综合评价。

（二）案例解析范式的司法实例验证

现以刑法案例解析的四个层次——预判的形成、法律条文含义的探寻、案件事实要点的归纳总结、结论符合性的判断——为基础，通过一则交通肇事罪案件展示完整的解析过程。

1. 基本案情

2023 年 1 月 5 日 6 时 45 分许，李某（女，66 岁）驾驶两轮电动车沿工农路自北向南行驶至中心大街路口，向西右转弯行驶至路口西侧时，与在中心大街北侧非机动车道内由西向东行走的行人发生碰撞,李某驾驶的电动自行车倒地,致李某受伤(腿部骨折,尸检鉴定意见及视频监控资料证实),行人未受伤。事故发生后行人离开现场,行人离开 3 分钟左右,受伤倒地的李某被沿中心大街由东向西行驶的徐某驾驶的蒙 G 号牌照轿车碾轧,致李某当场死亡(致死原因为轿车碾轧头部,尸检鉴定意见及视频监控资料证实),徐某驾车逃逸。①

2. 实务中不同认定的理由及依据

对于类似案件如何认定的问题,实务中存在不同观点:一种观点认为,以一起交通事故认定行人和逃逸的徐某共同承担事故责任;另一种观点认为,以两起事故分别评定行人与徐某的行为性质。该案的争议焦点在于:是应将此视为一起交通事故,认定二者共同承担交通肇事罪的刑事责任,还是应将其作为两起独立的交通事故,分别评定二人的行为性质。

第一种观点认为,行人在事故发生后离开现场,未履行救助义务,致使受伤倒地的李某未能及时得到救助,后遭到徐某驾车碾轧导致死亡的后果。行人的行为虽然没有直接导致李某的死亡,但只要行人履行救助义务就不会发生李某被二次碾轧的死亡后果,行人的行为与李某的死亡存在刑法意义上的因果关系;驾驶人徐某驾驶机动车行经照明条件不良的事故路段,未开启前照灯对路面观察不够,碾轧李某后导致李某当场死亡,且发生事故后逃逸。依据《道路交通安全法实施条例》第 92 条及《道路交通事故处理程序规定》第 61 条第 1 款第 1 项之规定应当由行人

① 参见内蒙古通辽市科尔沁区人民法院刑事判决书,(2023)内 0502 刑初 443 号。

及徐某共同承担交通肇事罪的刑事责任。

第二种观点认为,应当认定为发生两起交通事故,分别在两起事故中评定二人的行为性质。首先对行人与驾驶电动自行车的李某之间发生的事故进行认定,再对徐某驾驶轿车碾轧受伤倒地的李某的行为进行认定。具体理由为:(1)第一次行人与李某驾驶的电动自行车发生事故时,行人行走的路线为非机动车道(在非机动车道内逆向行走),发生事故前行人未对李某驾驶的电动自行车的行驶造成任何险情(视频监控资料证实),导致事故发生的直接原因为李某驾驶电动自行车在照明条件不良的环境下未开启前照灯,对道路通行情况未注意观察。(2)第二次驾驶人徐某在夜间照明不良、能见度较低的情况下驾驶机动车,未开启前照灯,未注意观察路面情况,碾轧因前一次事故受伤倒地且无法自救的李某,致李某当场死亡,发生事故徐某下车查看情况后,随即驾车逃逸。综合以上两点理由,该案属于前后发生了两起交通事故,其本质上是两个行为触犯了两种不同法益,应当以两起事故分别评定行人与徐某的行为性质。

3. 刑法案例解析的范式路径

首先,预判的形成。以案件的证据及基本事实为基础,预判行为人的行为性质为过失致人死亡罪;徐某的行为性质为交通肇事罪。

其次,探寻法律条文的含义。《刑法》第233条规定:“过失致人死亡的,处三年以上七年以下有期徒刑;情节较轻的,处三年以下有期徒刑。本法另有规定的,依照规定。”《刑法》第133条规定:“违反交通运输管理法规,因而发生重大事故,致人重伤、死亡或者使公私财产遭受重大损失的,处三年以下有期徒刑或者拘役;交通运输肇事后逃逸或者有其他特别恶劣情节的，处三年以上七年以下有期徒刑；因逃逸致人死亡的，处七年以上有期徒刑。”《最高人民法院关于审理交通肇事刑事案件具体应用法律若干问题的解释》第3条规定：“‘交通运输肇事后逃逸’，是指行为人具有本解释第二条第一款规定和第二款第（一）至（五）项规定的情形之一，在发生交通事故后，为逃避法律追究而逃跑的行为。”

以刑法条文具体规定的含义，来判断行为人是否构成预判所形成的过失致人死亡罪以及交通肇事罪。

再次，对案件事实要点的归纳总结。该案中涉及的行为人有两人，分别以此二人的行为性质为评定基础，结合法律规定的要义从案件事实中提炼要点进行归纳总结。

（1）行人离开事故现场的责任认定

第一，行人负有法律意义上的救助义务。《道路交通事故处理程序规定》第13条规定，“发生死亡事故、伤人事故的……当事人应当保护现场并立即报警”，此条款中规定事故当事人负有保护现场并立即报警的义务。该起交通事故中，行人属于事故当事人，事故的发生导致了电动自行车驾驶人李某受伤，因此，行人对受伤的李某就具有法律意义上的救助义务，即行人具有保护事故现场并及时报警，防止危害结果扩大的法定义务。该案中，视频监控证实行人当时并未受伤，具有履行救助义务的可能性，从事故发展结果看，如果行人履行了救助义务就可以避免二次碾轧的危害后果。第二，行人对李某遭二次碾轧致死的后果具有疏忽大意的过失。从案件发生的时间、地点来看，事故发生于冬季清晨，光线不佳，且该路段车流量较大，行人应当预见到受伤的李某很有可能发生二次事故，但由于漠不关心、疏忽大意而未能预见危害结果的发生。

之所以认定行人系疏忽大意的过失，是由于案件系偶发，双方当事人并未相识，根据生活经验法则①可以初步排除行为人具有故意犯罪的可能。第三，对于行人不应当以《刑法》第133条交通肇事后逃逸的加重情形追究其刑事责任，也不应当以交通肇事因逃逸致人死亡的情形来追究其刑事责任。

《刑法》第133条规定："违反交通运输管理法规，因而发生重大事故，致人重伤、死亡或者使公私财产遭受重大损失的，处三年以下有期徒刑或者拘役；交通运输肇事后逃逸或者有其他特别恶劣情节的，处三年以上七年以下有期徒刑；因逃逸致人死亡的，处七年以上有期徒刑。"《最高人民法院关于审理交通肇事刑事案件具体应用法律若干问题的解释》第3条规定："'交通运输肇事后逃逸'，是指行为人具有本解释第二条第一款规定和第二款第（一）至（五）项规定的情形之一，在发生交通事故后，为逃避法律追究而逃跑的行为。"据此来判断行为人是否构成"交通肇事后逃逸。"该案中，导致行人与李某发生事故的直接原因是李某驾驶电动自行车在照明不良等低能见度情况下未开启前照灯，且对道路通行情况未注意观察（视频监控证实），李某承担事故的全部责任，而行人无责任，尽管发生事故后行人具有离开事故现场的行为，但行人不承担事故主要或以上责任，因此行人的行为不构成交通肇事罪的基本犯，即使其在交通事故发生后离开事故现场，也不构成"交通肇事后逃逸"的情

① "经验法则"是指从过往生活经验中归纳获得的关于事物常态属性或事物间常态联系的知识或规律。参见王志坚：《刑事证明结构视野下经验法则的适用模式展开》，载《证据科学》2023年第2期。

形。因此不能以交通肇事罪中“交通肇事后逃逸”的加重情形追究行人的刑事责任。

能否以《最高人民法院关于审理交通肇事刑事案件具体应用法律若干问题的解释》第5条“因逃逸致人死亡”的情形来追究行人的刑事责任呢？该解释第5条“因逃逸致人死亡”，是指行为人在交通肇事后为逃避法律追究而逃跑，致使被害人因得不到救助而死亡的情形。“因逃逸致人死亡”的认定应当以行为人具有违反交通法规的行为为基础进行评判，而且违反交通法规的行为应当与逃逸致人死亡的后果具有法律上的因果关系。而该案中，行人恰恰是作为被李某驾驶的电动车碰撞的相对一方，对于该起事故不具有过错责任，因此，应当排除该司法解释的适用。

综合以上分析，应当认定行人在该起事故中，不具有违反交通法规的行为，因而不应当在交通肇事罪的条文下进行评价。行人的行为模式客观表现为，发生交通事故后，应当履行救助义务，但由于漠不关心、疏忽大意而未进行施救，对李某的死亡持有疏忽大意的过失，因此，认定为过失致人死亡罪较为合适。

(2)徐某驾车逃逸行为的责任认定

徐某的行为应当定性为交通肇事罪，具有逃逸的法定加重情节。徐某驾驶机动车在照明不良等低能见度情况下，未开启前照灯，未注意观察路面情况，碾轧因事故受伤倒地且无法自救的李某，致其当场死亡，其行为构成交通肇事罪的基本犯，发生二次碾轧后，徐某下车查看被害人情况后驾车逃逸，其行为符合交通肇事后逃逸或者有其他特别恶劣的情节的规定。

综上所述，对于该起事故分为两个阶段进行认定，可以更加全面客观地评价案件事实，也能够客观评价每个当事人的行为在该案中所起的作用。

(3)致李某死亡的刑法意义上因果关系的分析

综合该案案情考量，李某死亡是行人未履行法定救助义务与徐某违反交通规则驾驶机动车共同作用的结果。仅行人未履行施救的法定义务或者徐某违反交通规则驾驶机动车的行为，都不足以造成李某的死亡后果，恰恰是二者相结合，共同作用下导致李某死亡结果的发生。这种事物间的因果关系正符合英国学者 Mackic 提出的“INUS 理论”，它是“Insufficient but Necessary part of an Unnecessary but Sufficient”的简写，该理论指出原因与结果之间的关系是：原因是结果的“某个充分不必要(条件)的必要不充分部分”。①

依据 INUS 理论并结合该案具体案情，行人未履行法定救助义务与徐某违反交通规则驾驶机动车，任何一个单独行为既不是导致李某死亡的充分条件，也不是导致李某死亡的必要条件，这恰恰符合 INUS 理论中原因是结果的“某个充分不必要(条件)的必要不充分部分”。具体言之，行人未履行法定救助义务与徐某违反交通规则驾驶机动车，每一个条件均是导致李某死亡的必要但不充分的一个因素，二者的共同作用构成了 INUS 理论中的“充分不必要”条件，即二者共同作用所形成的合力，构成了导致李某死亡的充分条件。因此，在厘清导致李某死亡与行人未履行

① 参见冉奎、万小龙：《因果关系：INUS 理论与反事实条件句分析的关系探究》，载《世界哲学》2021 年第 4 期。

法定救助义务、徐某违反交通规则驾驶机动车二者之间因果关系的基础之上，再单独评价行人与徐某导致该事故发生的主观方面，以准确评定某一具体行为的性质。如前所述，行人在发生交通事故后，应当履行救助义务，但由于漠不关心、疏忽大意而未进行施救，对李某的死亡持有疏忽大意的过失，因此，应认定为过失致人死亡罪；徐某驾驶机动车在照明不良等低能见度情况下，未开启前照灯，未注意观察路面情况，碾轧因事故受伤倒地无法自救的李某，符合交通肇事罪的过失的主观方面，应当认定为交通肇事罪。

综上所述，事实上的因果关系与刑法意义上的因果关系并不完全相同，并非具有事实上的因果关系就等同于具有刑法意义上的因果关系，在英美刑法中，对因果关系的判断分为两步，第一步是判断事实因果关系，第二步再判断法律因果关系，法官要从引起结果的事实原因中，根据法律的标准挑选出应当承担刑事责任的部分。[①] 该案中刑法意义上的因果关系就表现为行人未履行法定救助义务与徐某违反交通规则驾驶机动车共同导致李某死亡。

最后，结论符合性的判断。生效裁判文书的判决结果往往会对社会公众的价值取向产生指引作用，引导公众按照社会主义核心价值观实施民事法律行为。因此，裁判结果的可接受性应当兼顾“法理”的规制性部分以及“情理”的人文理性部分。[②]

---

① 参见张明楷：《刑法学》(第6版)，法律出版社2021年版，第227页。

② 参见宋菲：《裁判说理的“可接受性”及其评价标准》，载《泰山学院学报》2021年第2期。

从社会道德层面考量，该案中行人的行为虽无交通法规上的过错，但仍应受到否定和苛责。事故发生在视线不佳、车流量较大的冬季清晨，行人未尽合理注意义务，导致李某被电动车压倒且无法自救。若对此类漠视他人安全的行为不予谴责，将会助长冷漠的个人主义风气，强化利己主义等反向社会价值。

通过规范行人行为，强化责任意识，借助个案办理凝聚价值共识，有助于构建社会治理的价值秩序。

二、“阶层论”思维体系的构建

（一）“阶层论”的构成体系

我国刑法理论界对于犯罪构成体系主要存在“四要件”与“阶层论”两种理论，虽然两种理论最终都旨在认定犯罪是否成立，但二者在理论基础、逻辑结构和分析方法上存在显著差异。其中，犯罪成立的“四要件”包括客体、客观方面、主体、主观方面四个部分，对“四要件”各个部分之间的关系最为准确的描述就是相互依存，陈兴良教授曾形象地将这种关系称之为“耦合式”的逻辑关系。① 犯罪的“阶层论”是指犯罪各个构成要件存在位阶关系，详言之，犯罪构成的“阶层论”是将构成犯罪的各个要件在逻辑上设定了一个位阶关系，从而使成立犯罪的各个要件具有一个内在的逻辑体系关系，这种逻辑性就体现了阶层理论中各构成要件的位阶关系。日本刑法学教授大冢仁就将评价犯罪体系好坏的标准定

---

① 参见陈兴良：《刑法哲学》（第5版），中国人民大学出版社2015年版，第714～716页。

位为“逻辑性”与“实用性”。①

犯罪成立的“阶层论”由不法与有责组成，“不法”作为判定是否成立犯罪的第一阶层是指“符合构成要件＋违法”，不法是对行为实质违法性的考量，即行为是被法律禁止的，不允许实施的，符合构成要件是从积极的违法性角度进行判断，但并不等同于犯罪成立的全部条件，这只是犯罪成立的其中一个要件，构成要件是违法类型，能够表明行为具有法益侵害性；在判定行为符合构成要件之后，还需要进行消极违法性的判断，即是否存在违法性阻却事由，如是否成立正当防卫、紧急避险、正当的法令行为，是否存在被害人承诺等。构成要件符合性与违法性属于同一个阶层，在这一阶层的判断中，首先需要审查构成要件符合性，在得出肯定性结论之后，方可进一步判断是否存在违法性的阻却事由。“有责”是对不法的非难可能性，即能够对符合构成要件违法行为的人进行谴责，在有责这一阶层中要进行积极的主观要素判断与消极的主观要素判断，积极的主观要素包括故意、过失等，消极的主观要素主要包括违法性认识错误、期待可能性等。② 犯罪的实质性特征是不法与有责，成立犯罪行为必须具备不法要件与责任要素，犯罪行为的成立是法益侵犯性与非难可能性的有机整体。

犯罪成立“阶层论”中不法与有责之间的关系可以表述为，不法独立于有责，而有责则依附于不法。具体言之，在具备违法性的前提之下，不

---

① 参见［日］大冢仁：《刑法概说（总论）》（第3版），冯军译，中国人民大学出版社2003年版，第121页。

② 参见张明楷：《刑法学》（上）（第6版），法律出版社2021年版，第134页。

法性与有责性的关系是二者相互独立,不法性独立于有责性而存在,即使行为不具有有责性,不法性也可以单独存在。而有责性则是依附于不法性而存在的,如果行为不具有不法性,则有责性也就不复存在。因此,在犯罪成立的“阶层论”中,首先在不法性的第一阶层分析行为的违法性要素,若不具备违法性,则没有必要再进行第二阶层有责性的分析。如此一来,在不法性与有责性之间就形成了层层递进关系,这就是所谓的位阶关系。① 以杀人行为为例,杀人行为无疑是一种不法行为,是故意杀人还是过失杀人,行为人是否已经具备责任能力,是否达到刑事责任年龄则是有责性的问题,这些有责性的要素都不会影响杀人行为的不法性认定。因此,在分析杀人行为时,第一层级要考量的是是否存在杀人行为,在此基础之上,再进入第二层级有责性的考量,即行为人是否对杀人行为承担责任,这种逻辑结构是不能够颠倒的。相较于犯罪构成的四要件理论,阶层理论更能够实现案件办理的客观性。四要件理论的四个要件的组合没有先后顺序,很多司法人员倾向于优先考量主观要件,从行为人的危险性出发判断定罪问题,这种思维容易导致主观归罪,是刑法主观主义的体现。

犯罪成立阶层论的逻辑结构如图 4 – 1 所示。

① 参见陈兴良:《刑法阶层理论:三阶层与四要件的对比性考察》,载《清华法学》2017 年第 5 期。

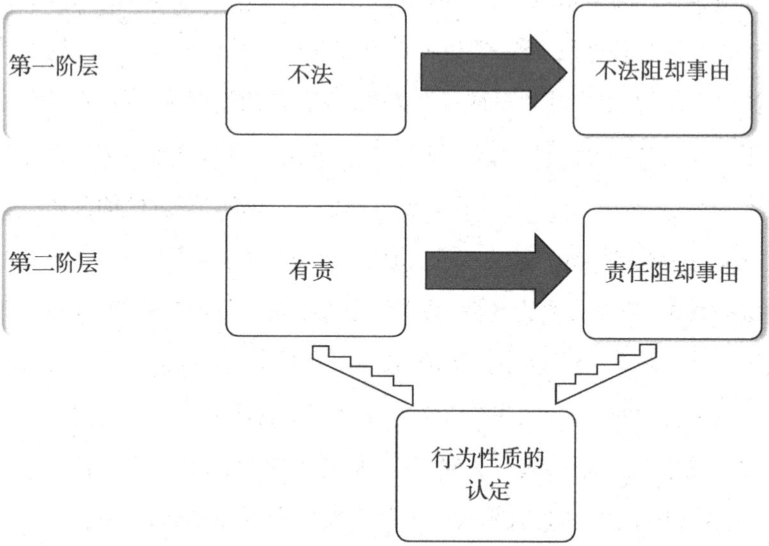

图 4-1　犯罪成立阶层论的逻辑结构

(二)"阶层论"的适用路径

刑法中的不法阶层以客观判断为核心,有责阶层以主观判断为核心。阶层论通过这种从客观到主观的递进评价,有助于避免司法者形成先入为主的裁判思维。下文将以笔者承办的具体案件为例,阐释阶层论在实务中的适用路径。

基本案情:甲、乙是夫妻关系,二人协议离婚,约定将夫妻关系存续期间的一处房产归妻子乙所有,但该房产证登记在甲的名下,离婚时没有进行过户登记。几年后,甲因生计问题,找到乙欲重新要回房产的一半,遭到乙的拒绝。于是甲偷偷潜入乙的家中,将房产证偷走,以市价

180 万元的价格将房屋卖给不知情的丙，当丙欲搬入该房屋入住的时候，发现乙在此房屋居住，于是到公安机关报案，公安机关以甲涉嫌诈骗罪立案侦查。以下对该案以犯罪构成的“阶层论”从不法与有责两个层级进行具体解析。

第一，在不法层面，不法阶层需要考量的违法性要素包括行为主体、行为、行为对象，行为所造成的后果，包括危害后果的危险性及实害性，以及行为与结果之间存在的因果关系。除此之外，还应考量特定行为状况与条件、特定行为时间与地点、特定行为对象与手段等。①

首先，以造成该案实际财产损失为出发点，从民事法律关系的角度确定该案实际的财产损失受害人。该案中存在两组民事法律关系，第一组是甲、乙之间离婚协议关于房产所有权的约定，第二组是甲、丙之间房屋买卖的民事法律关系，厘清以上两组民事法律关系能够准确认定房屋所有权的归属问题。其一，甲、乙之间在离婚协议中对房屋的权属进行了约定，根据合同相对性的原则，该合同效力仅对甲乙双方具有约束力，由于该房产并没有完成过户登记，未产生物权意义上所有权的变动，未发生公示效力，故甲仍为该房屋的所有权人；其二，甲与丙之间的房屋买卖合同关系，甲与丙之间签订了房屋买卖合同，依据我国《民法典》第 465 条的规定，二人签订的合同成立并有效，且甲、丙之间完成过户登记，完成了物权层面的所有权变动。丙取得房屋权的方式符合我国《民法典》第 311 条关于善意取得的法律规定：丙取得该房产时主观为善意，支付合

① 参见张明楷：《刑法学》（上）（第 6 版），法律出版社 2021 年版，第 165～166 页。

理对价，完成交付，故应认定丙以“善意取得”的方式原始取得了该房屋的所有权。

其次，在厘清以上民事法律关系的基础上，再确定案件的实际财产受损失方。通过对案件民事法律关系的分析可以得出，丙支付了180万元房款并取得了该房屋的所有权，因此丙并没有遭受任何财产权益的损害。但公安机关没有厘清本案的民事法律关系，将丙列为被害人并将甲的行为定性为诈骗，这一认定显然错误。丙完全可以持有效的房产证明，以所有权人的身份要求乙履行腾房的义务。该案的实际受害人是乙，根据甲、乙离婚时对该房产所有权的约定，甲有义务配合乙完成所有权的过户，甲的行为实质上侵害了乙对房屋的财产权益。对乙财产权这一法益的侵害，是由甲偷偷潜入房屋盗取房产证的行为所致，所以甲的行为满足盗窃罪的构成要件，而非公安机关定性的诈骗罪。

最后，从法益衡量的角度分析，乙丧失了对房屋的所有权，丙基于善意取得成为房屋的合法所有权人。从过错角度分析，乙没有及时要求甲履行过户义务，为甲日后转卖房产提供了便利，在权利行使上存在怠于作为的过错，而丙完全属于善意第三人，且房屋产权证登记甲为所有权人，具有公示公信效力，故丙在整个房屋交易过程中，不存在任何过错。所以，从法律制度的设置上以及过错程度的对比上来看，丙的法益更值得受保护。

因此，在不法层面，从违法性构成要素角度分析甲的行为——具有刑事责任意义上的可苛责性表现为偷取房产证，行为的结果——造成乙对房屋的财产权益受损，行为与结果之间具有刑法意义上的因果关系——乙的财产损失是由甲偷取房产证后卖房的行为所致，具备了以上不法要素即可判定行为具有法益侵害的违法性。在不法阻却事由方面，该案中，甲的行为也不具有正当防卫、紧急避险、正当法令行为等违法性阻却事由，因此，甲实施的该行为符合盗窃罪的犯罪构成，应当认定为盗窃罪。

第二，有责阶层需要考量的责任要素包括故意、过失、目的、动机等主观要素，这些要素反映了非难可能性。

在该案中，甲偷取房产证后转卖，应当认定甲是基于直接故意的主观目的而实施的该行为，在责任阻却事由方面，甲也不具有期待可能性、违法性认识错误等责任阻却事由。因此，甲在该案中的有责性表现为直接故意。

“阶层论”从客观到主观的判断逻辑，在故意伤害、故意杀人以及过失致人死亡的认定中具有显著的实务价值。例如，在一起伤害致死的案件中，张某系某派出所的副所长，一日，张某去疗养院看望其母亲，该疗养院居住的均为老年人，疗养院兼具养老以及健康恢复护理的功能。张某的母亲在疗养院居住期间，经常与一位75岁的老人发生矛盾，二人在疗养院多次发生口角。案发之日，张某去疗养院看望其母亲，恰巧赶上其母亲与该老人因为琐事发生争吵，张某一气之下，先是用右手推了老人右侧肩膀一下，老人后退一步，接着，张某左手打在老人的左胸处，此时，老人叫了一声“晕”，之后倒地，经抢救无效死亡。根据尸检报告，老人的死因为“外力冲击诱发原发性心脏病，导致猝死”。该案在办理过程中存在三种不同的意见，第一种意见认为是间接故意的故意杀人，第二种意见认为是过失致人死亡罪，第三种意见认为是意外事件。出现意见分歧最主要的问题点就在于先入为主的主观推定，忽视客观行为的实质性认定。根据“阶层论”从客观到主观、从不法到有责的逻辑层次，首先，在不法层面，考量违法性要素中的行为主体、行为、行为对象以及行为所造成的后果，张某的行为发生在疗养院，居住的均为高龄老人且身体状况较为虚弱；张某用右手推了老人右侧肩膀一下，在老人后退一步之时，左手打在老人的左胸处，该行为引发了老人原发性的心脏病；造成老人死亡的原因为：张某的外力打击＋老人原发性心脏病，二者缺一不可，共同作用力造成老人死亡的后果。其次，在有责层面，以对张某的行为、造成的危害后果以及因果关系的分析为基础，再判定张某的主观责任。张某明知那位与其母亲有矛盾的老人身体健康状况不良，却仍对老人实施推搡，从客观行为反推主观责任，应认定张某对老人受伤甚至死亡的后果应当具有预见的可能性，属于应当预见而没有预见后果发生——疏忽大意的过失。结合张某实施推搡行为的力度，以及矛盾的偶发性，张某本人与老人之间并无过深的矛盾纠纷，不宜认定张某为间接故意的故意杀人。持此观点一方认为，死者具有原发性心脏病的特殊体质，对此张某没有预见并且也不可能预见。但是主观责任的认定应当紧紧依附于客观行为的表现，由客观行为反推主观责任的认定，结合该案案发的特殊场所、张某行为的具体表现等不法层面的违法性要素分析，应当认定张某对造成老人伤亡的后果具有预见的可能性，并非无故意或者过失，因此，应当排除属于意外事件的可能性。张某的行为如果不是发生在养老院这样的特殊场所，抑或发生纠纷的对象不是高龄老人的群体，则有可能因排除预见可能性而成立意外事件。

“阶层论”的逻辑结构实现了从客观到主观的判断逻辑。判断行为人基于何种主观故意,司法者不能够先入为主,应当以行为实施时的客观表现为判断依据,具体分析行为的模式、行为的对象、造成损害的后果等客观方面的要素。有责性的评判依附于不法行为的性质,不法行为的性质决定了故意或者过失的内容。从客观到主观、从不法到有责的分析路径,既能够有效避免司法者的主观归罪,也有利于保障案件办理的客观性、公正性。

第二节

法学理论与司法实务的结合路径

对于理论与实践的关系,马克思主义强调实践需要原创性理论,而理论的来源正是日益变化的实践。法学作为人文社会科学的一门分支,具有极强的实践性,法学理论的历史嬗变与逻辑发展离不开实践经验的总结与丰富。随着司法实践的不断变化,法学理论必须与时俱进,正如“实践是检验真理的唯一标准”所揭示的真理。我国儒家经典《礼记》提出“苟日新、日日新、又日新”,也体现了古代对实践推动理论创新的深刻认知。①

一、法学理论指引司法实务的方向

(一)法学理论对司法实务的指引作用

“没有法学理论的司法实践是盲目的,而与司法实践相脱离的法学理论则是空洞的”,因此,法学理论引领司法实践的方向,尤其在具体案件发生认定分歧之时,将法学理论作为指引显得尤为必要。

法律条文一经制定则具有相对的稳定性与滞后性,而社会生活的情势千变万化,司法实务中,往往存在立法者预想不到或者无法预设的案件情形。相对静态的法律条文在适用于具体案件的过程中,也往往会出现认定的矛盾。因此,赋予法律条文以生命,激活以文字形式表现出来的条文就需要法学理论的支撑。法律条文的生命根源于法律理论的解释,经过解释的法条才能适用于案件。刑法学理论中,对于不同的问题点会存在多种学说,采取何种学说也会根据不同的情形而有所变化。例如,关于未遂犯的处罚根据,存在主观理论、客观理论与折中理论三种不同的学说②;关于不能犯的理论,存在纯粹主观说、抽象危险说、纯粹客观说、修正的客观危险说、具体危险说③等多种学说。纯粹主观危险说由德国

---

① 参见林颖、林美辰:《“两个相结合”的历史嬗变、理论逻辑与实践路径》,载《宁德师范学院学报(哲学社会科学版)》2023 年第 3 期。

② 参见吕翰岳:《未遂处罚根据的功能性危险论证》,载《中外法学》2019 年第 6 期。

③ 参见毕琳:《未遂犯处罚根据之重思》,载《刑事法评论》2022 年第 2 期。

学者冯·布里(von Buri)于1872年提出。该学说强调行为人主观意志呈现的危险性,将可罚性依据归结于主观意志,而无须考虑行为的客观法益侵害性。抽象危险说则由德国学者瓦琴费尔德提出;日本学者牧野英一亦倡导此说,其核心仍属刑法主观主义,认为若一般人认为行为具有危险发生的现实性,即可处罚未遂。纯粹客观说源于费尔巴哈的"权利侵害论",主张以事后查明的全部客观事实为依据,通过科学经验法则与逻辑法则(而非主观认知)判断危险性。修正的客观危险说的支持者包括日本学者山口厚、前田雅英、内田文昭及我国学者张明楷。该学说认为,需以行为时的客观事实为基础,根据因果法则判断法益侵害的紧迫危险性:仅当客观行为具备此类危险且主观存在故意时,方可认定为未遂犯;反之,若无客观危险则属不能犯。具体危险说由李斯特首创,主张以行为时的公众或行为人感知为判断标准,要求危险需以客观行为对象为前提。需注意,采用不同学说可能导致截然不同的法律适用结论。

(二)法学理论指引司法实务的具体示例

1.受骗型行贿行为的认定

受骗型行贿能否认定为行贿行为,其本质在于是否利用职权能力,是否存在权钱交易。基于受骗而实施行贿的行为,行为人收取财物但没有能力帮忙办事,如行为人根本没有能力帮忙办理在编工作、办理高校正式学籍等情形。受骗一方具有行贿的意图,但是无法达到行贿的目的,即发生了刑法上不能犯的问题。如前所述,刑法中的不能犯问题存在多种不同的学说,如果采用抽象危险说,行为人计划实施的行为具有发生结果的危险性即可认定为犯罪未遂。① 抽象危险说是刑法主观主义的产物,根据该学说如果是基于受骗而行贿,行贿的一方主观上仍具有获取不当利益的危险性,因此应成立犯罪的未遂;如采用修正的客观危险说,行为人所欲的侵害结果一开始就不可能实现,不具有危险性,成立不能犯,行为自身虽然具有实现侵害结果的可能性,但在特定情况下未能发生侵害结果时,具有危险性,成立未遂犯。② 修正的客观危险说坚持刑法客观主义,受骗型行贿由于从一开始行为人就不具有帮忙办事的能力,不存在侵犯职务廉洁性以及职务行为的不可收买性的情形,因此受骗型行贿属于不能犯。如果采用具体危险说,应以行为时行为人特别认识到的事实以及一般人可能认识到的事实为基础,从客观立场出发,通过事后预测的方式,判断结果发生的危险性是否存在。具体危险说要求对法益产生的危险以存在客观的行为对象为前提,是一种结局上的危险,而受骗型行贿行为不会发生法益侵害的危险性,对职务廉洁性不具有侵害的可能性,因此,仍应当认定属于不能犯。我国刑法学理论通说坚持刑法的客观主义立场,受骗型行贿行为不会对职务的廉洁性产生侵害的紧迫危险性,属于不能犯。

2. 骗取赌资、毒资、嫖资能否成立诈骗罪

骗取赌资、毒资、嫖资的行为能否成立诈骗罪,涉及赌资、毒资、嫖资是否受保护的问题。赌资、毒资、嫖资是否受法律保护,在理论界存在三

---

① 参见张明楷:《刑法学》(上)(第6版),法律出版社2021年版,第456页。

② 参见张明楷:《刑法学》(上)(第6版),法律出版社2021年版,第459页。

种学说，第一种学说是“法律上所许可的交易说”，法律层面所认可的交易应当是符合法律规定具有正面价值取向的行为；第二种学说是“具有经济价值的交易说”，即只要交易行为本身具有经济性，法律上就应当认可，交易行为或者交易内容本身不影响对经济性的评价；第三种学说是较为折中的“伦理规范意义上的交易说”，即以一般人的认知常识对交易内容进行伦理规范评价。例如，赌资、嫖资因违背道德且不被社会规范容忍，故不受法律保护；而毒资则需区分情形——具有药用价值的毒品可能被认可其经济性，但纯粹用于非法吸食的毒品则会被伦理规范否定。我国司法实务界及理论界通常采用此折中说，依据伦理规范标准判断相关资金是否受法律保护。

3. 强奸罪中关于“违背妇女意志”的认定

我国《刑法》第236条规定了强奸罪①，成立强奸犯罪的构成要件之一是“违背妇女意志”，纵观各国及地区的刑法理论，关于违背妇女意志的强制行为存在多种不同的理论学说，第一种理论学说为“违背妇女意志说”，根据这一学说强奸罪以违背妇女意志为成立条件与本质特征；第二种理论学说为“强制手段模式”，这一理论学说认为强奸罪的行为本质在于行为人暴力、胁迫等手段的强制性应当达到足以压制被害人反抗的程度；第三种理论学说为“欠缺妇女（被害人）同意”，这一理论学说要求成立强奸罪的本质特征在于欠缺妇女的同意。司法实务关于“欠缺妇女同意”的认定分歧最为明显，在认定“欠缺妇女同意”的模式中又存在两种截然不同的理

① 根据《刑法》第236条，“以暴力、胁迫或者其他手段强奸妇女的”认定为强奸罪。

论认定，分别为“否定性同意模式”与“肯定性同意模式”①。“否定性同意模式”的含义可表述为“说不行就不行”（No means No），该规则先假定被害人同意性行为，如果被害人没有明确说“不”，且没有其他证据表明被害人拒绝性行为，则视为被害人同意性交，行为人不构成强奸犯罪，德国刑法理论采用否定性同意模式。② “肯定性同意模式”的含义可表述为“说行才行”“说可以才可以”（Yes means Yes），该规则先假定被害人不同意性行为，只有被害人明确表示出同意或者以肢体语言同意性行为的发生，才能视为没有违背妇女意志，否则就默认为被害人不同意性交，行为人构成强奸犯罪，加拿大、美国部分州的刑法理论采纳了肯定性同意规则。③ 以下用一则案例详细评析“否定性同意模式”与“肯定性同意模式”的不同适用情形。

---

① 参见方亨通：《强奸罪入罪模式述评——兼对肯定性同意模式的提倡》，载《江西警察学院学报》2021 年第 3 期。

② “德国性刑法经过 2017 年改法后，以否定性同意模式作为认定强奸罪的主导模式。按照德国立法解释对修改的《德国刑法典》第 177 条第 1 款的解释，被害人可以明示表达‘不’（语言表达），也可默示表达‘不’（如哭泣、防卫），当被害人表达了‘不’，行为人仍与之发生性行为，就成立强奸罪。”参见周子实：《强奸罪入罪模式的比较研究——以德国〈刑法典〉第 177 条最新修正为视角》，载《比较法研究》2018 年第 1 期。

③ 《加拿大刑法典》第 273－1 条规定，原告无行为能力作出同意，被告人利用信任、权利引诱原告作出同意，原告并未以语言或行为表示同意，已同意从事性行为的原告以语言或行为表示不同意继续性行为的，可认定为未获同意，成立强奸罪。参见魏汉涛：《强奸罪的本质特征与立法模式之反思》，载《环球法律评论》2012 年第 4 期。美国新泽西州法院裁决，除非经过被害人的言语或行为合理地显现出允许性交行为，否则根据性交行为本身就足以证明暴力强奸罪成立。参见［美］约书亚·德雷斯勒：《美国刑法纲要》，姜敏译，中国法制出版社 2016 年版。

基本案情：两名大学生恋爱多年，二人在恋爱期间曾发生过性关系。临近大学毕业之时，面临就业等压力，女生认为在校期间还是应当以学业为重，于是向男生提出分手。次日，男生认为二人多年恋爱突然分开，难以接受，于是想当面向女生问清楚分手原因，并挽回女生。在电话征得女生同意后，男生驾车将女生带至一个较为偏僻的地方，随即亲吻女生，并将女生的裙子脱下，此时，女生表示反对，并用力推开男生，对男生进行辱骂。此时，男生感到已无法挽回女生，于是立即将自己裤子穿上，向女生道歉，并开车将女生送回了宿舍。女生回到宿舍后随即以男生欲实施强奸为由进行报警，公安机关以该男生涉嫌强奸为由对其刑事立案并拘留。对于该男生行为性质的认定，存在不同的意见，有意见认为男生的行为性质是强奸未遂，有意见认为是强奸中止，还有意见认为男生的行为并不构成犯罪。结合该案的具体情节，应如何认定"违背妇女意志"，采用何种学说更适应该案，这成为评价男生行为是否构成强奸犯罪的关键点。

犯罪中止，是指在犯罪过程中，自动放弃犯罪或者自动有效地防止犯罪结果发生。[①] 犯罪中止可以发生在犯罪着手之后的实行阶段，也可以发生在犯罪的预备阶段，但必须是在"犯罪过程中"。返回到该案中，男生将女生带至较为偏僻处将其裙子脱下的行为，是在犯罪过程之中的犯罪行为，还是二人交往过程中的不当行为？很显然，从一般人的生活法则、经验常识方面考量，男生在二人分手的第二天约女生见面，

① 参见张明楷：《刑法学》(上)(第6版)，法律出版社2021年版，第465页。

其行为是为了挽回女生，后来女生明确表示拒绝时，男生随即道歉并停止不当行为，所以，将男生的行为认定为交往中的不当行为较为合适。同时，强奸罪关于“违背妇女意志”的认定中，存在“肯定性同意规则”与“否定性同意规则”两种不同的学说，“肯定性同意规则”要求只要女性没有明确的肯定性同意的意思表示，即视为违背女性的意志。“否定性同意规则”要求只有女性明确表示出否定的意思表示，行为人仍继续实施强奸、猥亵等违背女性意志的行为，才能够认定行为从不当性到违法层面进行了质的转变，也即在女性明确表示拒绝之前的行为，都不能够认定是“在犯罪过程中”。两种学说在认定强奸犯罪中有其不同的适用场合，一般而言，在女生较为清醒的状态下，应当以“否定性同意规则”为适用依据；而在女生不清醒的状态之下，比如说醉酒等状态下，应当适用“肯定性同意规则”的学说。该案中，二人曾系男女朋友关系，曾有过多次亲密的行为，男生欲挽回女生之际，在得到女生明确性否定意思表示之时，放弃其不当行为，随即表示抱歉并将女生送回宿舍，依据“否定性同意规则”，不应当认定该行为发生在犯罪过程中，不宜认定男生属于犯罪未遂或犯罪中止。《刑法》是道德的底线，是最严厉的惩罚措施，不应当对行为人苛以超出常人的道德要求，男生对女生所实施的较为不当的挽留行为，是男生因女生态度的不确定而发生的，因此，结合男生前后行为的性质，我们很难认为，男生是在强奸犯罪的意志之下而实施行为。在本案中，不应将男生的行为认定为刑事犯罪。

二、司法实务促进法学理论丰富与完善

(一)司法实务增补与完善法律规定

法学理论的完善与发展离不开司法实务为其提供源源不断的案例资料,近年来,刑法规定的不断修正与增补,都与司法实务的需求与变化密切相关。1997 年《刑法》自实施以来,从 1999 年《刑法修正案》到 2023 年《刑法修正案(十二)》,先后通过的 12 部刑法修正案新增了多个罪名,新增罪名、法律适用以及个罪刑期、适用范围等方面的修改,充分反映了司法实务的发展变化。

以邓宝驹案为例①,该案适用 1997 年《刑法》,其关于职务侵占罪的刑期最高刑为 5 年以上有期徒刑,但邓宝驹案件的具体情节严重程度与判决结果明显不相称,存在罪责刑不相适应的问题。邓宝驹的主体身份是农村信用合作社的主任,农村信用合作社属于集体经济组织,集体经济组织工作人员不属于国家工作人员的范畴,因此不能构成贪污罪,只能认定为职务侵占罪。职务侵占罪在当时的法定最高刑为 5 年以上有期

---

① 邓宝驹案案情介绍:邓宝驹是深圳市宝安区沙井农村信用合作社主任,伙同沙井农村信用合作社黄布分社主任麦伟平、沙井农村信用合作社财务部主任陈锡球,在 1997 年 1 月 2 日到 23 日,利用职务之便,以虚构贷款用途等手段,侵占资金 2.312 亿元,用于挥霍享受。三人于 1998 年 11 月 21 日携款逃往国外。2000 年 3 月 9 日,邓宝驹等三人被蒙古国警方抓获并引渡回国。2000 年 3 月 9 日,深圳市宝安区人民检察院以职务侵占罪对邓宝驹、麦伟平、陈锡球三人提起公诉,其中,法院对邓宝驹以职务侵占罪判处有期徒刑 15 年。

徒刑，[①]但邓宝驹等三人在1997年利用职务之便侵占财产数额高达2.312亿元，巨额资金用于赌博、嫖娼等非法活动，案发当时造成了极为恶劣的社会影响。随着社会主义市场经济的持续发展，我国出现了大量的集体经济组织和民营企业，而根据当时的《刑法》，集体经济组织和民营企业的工作人员若触犯经济类犯罪，往往被认定为职务侵占罪或挪用资金罪，相比之下，侵犯国家公共财产的贪污罪最高可判处死刑。由于公私财产应当受到法律的同等保护，而贪污罪与职务侵占罪的行为模式相似，法定刑却差异巨大，导致实务中出现大量同案不同判的现象。[②] 为解决这一矛盾，法律规定也随之修改。2020年《刑法修正案（十一）》将职务侵占罪的法律规定修改为，公司、企业或者其他单位的工作人员，利用职务上的便利，索取他人财物或者非法收受他人财物，为他人谋取利益，数额较大的，处3年以下有期徒刑或者拘役，并处罚金；数额巨大或者有其他严重情节的，处3年以上10年以下有期徒刑，并处罚金；数额特别巨大或者有其他特别严重情节的，处10年以上有期徒刑或者无期徒刑，并处罚金。

（二）司法实务促进法律制度活用

司法实务能够促进法律条文的适用，比如昆山反杀案使正当防卫条

---

① 1997年《刑法》第271条第1款规定："公司、企业或者其他单位的人员，利用职务上的便利，将本单位财物非法占为己有，数额较大的，处五年以下有期徒刑或者拘役；数额巨大的，处五年以上有期徒刑，可以并处没收财产。"

② 参见赵海鸥：《由"深圳邓宝驹一案"浅析职务侵占罪的定罪量刑》，载《中国刑事法杂志》2001年第1期。

款的司法认定标准得到实质性激活。我国《刑法》第 20 条规定了正当防卫制度，长期以来，司法机关往往注重《刑法》第 20 条第 2 款防卫过当的适用，却忽视第 20 条第 1 款一般防卫及第 3 款特殊防卫的司法适用，忽视正当防卫制度尤其在公安机关立案侦查环节突出，例如 2018 年"河北涞源反杀案"以及 2017 年"河北保定男子护妹打死妹夫案"。最高人民检察院工作报告中就曾指出，一些涉及正当防卫的案件可能被作为有罪案件侦查、批捕、审查起诉，很大程度上是受传统司法观念的影响，尤其是受正当防卫不能"明显超过"必要限度传统理解的束缚，没有将法与不法、正义与非正义、见义勇为与不法侵害从根本上区分开，也没有从依法维护正当防卫人合法权益的角度办理案件。

昆山反杀案重新引起了对《刑法》第 20 条正当防卫制度的重视。在该案中，司法机关改变以往的审查惯例，从最初认定为故意伤害致死到无罪撤销案件，唤醒了《刑法》第 20 条第 3 款的规定，将于海明的反杀行为定性为正当防卫。该案的办理通过立足于海明反杀行为发生的具体情境、行为的限度以及心理紧迫程度等方面，以"就事论理"的理念促使刑法正当防卫条款被适用。"就事论理"要求深层次分析案件发生的本质与内涵，道理论证力求合理性。① 昆山反杀案的办理立足于于海明在连续遭刀击颈部、腰部、腿部，面临紧迫危险与心理紧张时的反杀行为。从法律效果、社会效果以及政治效果相统一的层面考量，认定其行为属于正当防卫，既体现了"法不能向不法让步"的原则，也有助于传播社会正能量，弘扬正气，激励公众

① 参见李莎莎、储槐植：《就事论理视角下刑法"特殊防卫"条款的激活——以"反杀案"为切入》，载《石河子大学学报（哲学社会科学版）》2021 年第 3 期。

依法抵制不法侵害。最高人民法院、最高人民检察院、公安部《关于依法适用正当防卫制度的指导意见》明确规定，要鼓励见义勇为，弘扬社会正气，把社会主义核心价值观融入刑事司法工作，切实防止“谁能闹，谁有理”“谁死伤，谁有理”的错误做法，坚决捍卫“法不能向不法让步”的法治精神。

再如，近年来低龄未成年人恶性刑事案件频发，校园暴力问题严峻，2024 年 3 月发生的 1 名初中生被同校 3 名未满 14 周岁未成年人欺凌致死并埋尸案，[①]引发强烈的社会关注。有统计显示，2021 年至 2023 年，人民法院共审结未成年人犯罪案件 73，178 件，占同期全部刑事案件的 2%。[②] 为应对频发的低龄未成年人恶性犯罪事件，2020 年我国《刑法修正案（十一）》新增了已满 12 周岁不满 14 周岁未成年人承担刑事责任的情形。[③] “甘肃通渭县一名 13 岁男孩杀害 8 岁女童案”是全国已满 12 周岁不满 14 周岁未成年人承担刑事责任的第一案。2022 年 9 月 25 日中午，在甘肃省定西市通渭县，一名 8 岁女孩被 13 岁男孩以残忍方式杀害，

---

① “3·10 邯郸初中生将同学杀害埋尸案”案情介绍：2024 年 3 月 10 日，河北邯郸肥乡区北高镇张庄村 3 名初中生对同学王某某进行严重欺凌和伤害，并将其残忍杀害后掩埋尸体。案件发生后，肥乡区公安机关立即开展侦查工作。2024 年 3 月 11 日，涉案三名犯罪嫌疑人被全部抓获并依法采取刑事强制措施。2024 年 4 月，经最高人民检察院审查，依法决定对犯罪嫌疑人张某某、李某及马某某核准追诉。检察机关审查认为，3 名犯罪嫌疑人作案时已满 12 周岁不满 14 周岁，故意杀人致被害人死亡，情节恶劣，应当追究刑事责任。

② 最高人民法院：《4 名 12 岁至 13 岁之间未成年人被判刑》，载北大法律信息网公众号，2024 年 4 月 16 日访问。

③ 我国《刑法》第 17 条第 3 款规定：“已满十二周岁不满十四周岁的人，犯故意杀人、故意伤害罪，致人死亡或者以特别残忍手段致人重伤造成严重残疾，情节恶劣，经最高人民检察院核准追诉的，应当负刑事责任。”

2024 年 2 月 4 日，男孩以涉嫌故意杀人罪被甘肃省通渭县人民检察院向通渭县人民法院提起公诉，3 月 20 日，该案改由定西市中级人民法院审理，最高人民检察院核准同意追诉其刑事责任。截至 2024 年 3 月，全国已核准追诉 4 名未满 14 周岁未成年人恶性刑事案件。

第五章

CHAPTER FIVE

重视程序性思维在司法实践中的运用

现代刑事司法理念中，程序正义是一个永恒的话题。程序性法律是为保障实体法的公平、公正和效率而设立的法律规范，同时也是保护当事人权利的一系列程序性规则。① 程序法治已然成为新时代中国特色社会主义法治思想的重要组成部分，程序法的保障性意义在法律实施中尤为重要。

① 参见郭蕊铭、李安、杨群：《法治思维构建的实证研究》，载《第二十四届全国心理学学术会议摘要集》2022 年 11 月 5 日。

第一节

程序性思维的法律适用价值

程序性思维是根据法律规定的步骤、流程和手续解决矛盾冲突的一种思维方式，其本质性特征是形式理性和价值中立性的结合。程序性思维的法律适用价值体现在其独立的价值要素以及通过程序法保障实体法实现公正的效能。

一、程序法的独立价值根基

（一）程序法具有中立性的价值机理

程序法并非仅仅附庸、辅助于实体法，也并非仅仅包含实体法的内容，而是具有本身独立的价值要素。① 程序法独立的核心价值体现于：在多元价值并存的状态之下，通过平等协商、充分论证达成合意，从而确保判断和决定的中立。"程序性思维则是建立在承认程序独立价值，洞悉程序价值机理，遵循程序运作规律的基础上。"②

程序性思维的独立性体现在其适用发生在司法实务的判定过程中，该判定过程是司法者根据案件的具体情形，遵循程序法规定的依据及理由进行选择和判断的过程。比如《刑事诉讼法》中规定的酌定不

---

① 参见季卫东：《法律程序的形式性与实质性——以对程序理论的批判和批判理论的程序化为线索》，载《北京大学学报（哲学社会科学版）》2006 年第 1 期。

② 吴英姿：《关于法律解释的程序思维》，载《理论探索》2020 年第 6 期。

起诉，①检察机关作为国家公诉机关承担指控犯罪的职责，如果公诉机关指控犯罪的证据已达到《刑事诉讼法》所要求的证据标准，即事实清楚，证据确实、充分，排除一切合理怀疑，但认定属于犯罪情节轻微，依照《刑法》规定不需要判处刑罚或者可以免除刑罚，则检察机关可以作出酌定不起诉的决定。酌定不起诉决定是程序法上一种处理模式，独立于实体法的评判与认定。再如《刑事诉讼法》规定的非法证据排除规则，②采用刑讯逼供取得的犯罪嫌疑人供述应当依法予以排除，不得作为起诉决定和判决等实体上的认定依据。非法证据排除的法律规定也体现出程序法独立的价值评判。

（二）程序法具有独立性的法律适用

程序性思维的独立性还体现在其独立的法律适用。最为典型的情形就是当案件的实体问题无法达成合意或者无法得出定论之时，程序规则就会成为最终决定的唯一正当性依据，即将程序法作为适用依据所产生的法律效果就具有结论的正当性。“程序思维不是程序万能主义，正当程序并不能确保每个决定不出错，程序的正当化作用体现为有助于最

① 我国《刑事诉讼法》第177条第2款规定：“对于犯罪情节轻微，依照刑法规定不需要判处刑罚或者免除刑罚的，人民检察院可以作出不起诉决定。”

② 我国《刑事诉讼法》第56条规定：“采用刑讯逼供等非法方法收集的犯罪嫌疑人、被告人供述和采用暴力、威胁等非法方法收集的证人证言、被害人陈述，应当予以排除。收集物证、书证不符合法定程序，可能严重影响司法公正的，应当予以补正或者作出合理解释；不能补正或者作出合理解释的，对该证据应当予以排除。在侦查、审查起诉、审判时发现有应当排除的证据的，应当依法予以排除，不得作为起诉意见、起诉决定和判决的依据。”

终决定在尽可能大的范围内获得接受与认同。”①

例如举证责任的分配,②《刑事诉讼法》将指控犯罪的职责分配给国家公诉机关——人民检察院,检察机关作为国家公诉机关承担指控犯罪,引导公安机关侦查取证的任务,但如果承担侦查职责的公安机关所调取到的证据未能达到事实清楚、证据确实充分的要求,检察机关或作出存疑不起诉的决定,审判机关或作出无罪的判决。在案件实体证据存疑时,依据证据规则作出不起诉决定,这一过程体现了程序法适用的独立性。又如,我国《刑事诉讼法》第16条规定的依法不追诉的法定情形,③对于行为已过追诉时效的、经特赦的以及犯罪嫌疑人死亡等情形,《刑事诉讼法》规定应当作出撤销案件、不起诉或者终止审理的决定,不再作实体的审理,而是独立性地以程序出罪的方式办理。

二、程序法保障实体法实现公正

(一)程序性思维保障实体法正本清源

实体法的正义离不开裁判者结合某些价值要素,比如善良风俗、特

---

① 吴英姿:《关于法律解释的程序思维》,载《理论探索》2020年第6期。

② 我国《刑事诉讼法》第51条规定:“公诉案件中被告人有罪的举证责任由人民检察院承担……”

③ 我国《刑事诉讼法》第16条规定:“有下列情形之一的,不追究刑事责任,已经追究的,应当撤销案件,或者不起诉,或者终止审理,或者宣告无罪:(一)情节显著轻微、危害不大,不认为是犯罪的;(二)犯罪已过追诉时效期限的;(三)经特赦令免除刑罚的;(四)依照刑法告诉才处理的犯罪,没有告诉或者撤回告诉的;(五)犯罪嫌疑人、被告人死亡的;(六)其他法律规定免予追究刑事责任的。”

定习惯等进行价值判断与利益衡量，无论法官是否适当地斟酌变通这些个性化因素，都存在结论以及价值评判妥当性的问题。因此，寻求程序公正就成为能够实现法律实体公正的长效机制。

程序性思维保障实体法有效实现公平、正义，这在我国刑事诉讼法的任务中能够得到明确体现。当犯罪嫌疑人面临强大的司法机关指控犯罪时，双方力量对比极为悬殊。在此背景下，刑事诉讼法既要保障犯罪指控的顺利进行，又要切实履行尊重和保障人权的职责。刑事诉讼法通过一系列限权性法律条文的制定，严格限定司法机关行使司法权的权限、程序等，有效将"司法权束缚在制度的笼子里"，通过程序公正实现实体正义。程序正义思维在我国《刑事诉讼法》的条文中有大量体现，比如我国《刑事诉讼法》对于强制措施作出的主体、时限、程序等方面均作出了严格的规定。以逮捕为例，《刑事诉讼法》对逮捕决定期限、羁押期限以及必要性审查均有明确规定，①司法机关在具体时限的规制下严格执法，一方面能够保障犯罪嫌疑人的合法权利不受强大公权力机关的侵

① 我国《刑事诉讼法》第81条规定："对有证据证明有犯罪事实，可能判处徒刑以上刑罚的犯罪嫌疑人、被告人，采取取保候审尚不足以防止发生下列社会危险性的，应当予以逮捕：(一)可能实施新的犯罪的；(二)有危害国家安全、公共安全或者社会秩序的现实危险的；(三)可能毁灭、伪造证据，干扰证人作证或者串供的；(四)可能对被害人、举报人、控告人实施打击报复的；(五)企图自杀或者逃跑的。批准或者决定逮捕，应当将犯罪嫌疑人、被告人涉嫌犯罪的性质、情节，认罪认罚等情况，作为是否可能发生社会危险性的考虑因素。对有证据证明有犯罪事实，可能判处十年有期徒刑以上刑罚的，或者有证据证明有犯罪事实，可能判处徒刑以上刑罚，曾经故意犯罪或者身份不明的，应当予以逮捕。被取保候审、监视居住的犯罪嫌疑人、被告人违反取保候审、监视居住规定，情节严重的，可以予以逮捕。"

害，另一方面能够保障实体法的公平、公正。再如，相关法律规定，①对于特殊性群体，如盲人、聋人、尚未完全丧失辨认或控制能力的精神病人，法律援助机构应当指派律师为其辩护。对于可能被判处无期徒刑、死刑的犯罪嫌疑人、被告人，法律援助机构同样有义务为其指派辩护人。程序性思维通过中立规则得以体现。程序法确保不同价值立场的主体平等参与程序，接受同等约束，从而保障权利义务相当、胜败机会均衡。②

（二）程序性思维的实务适用

程序性思维有利于司法的正本清源，程序正义的实质在于追求一种多数人能够接受的裁判结果。司法者不应凭个人好恶或自以为是的心态寻求正义的审判。只有严格遵循程序法、秉持程序性思维，民众才可能够接受一种带有缺陷的正义。如果司法者一味地追求完美的实体正义而无视程序法规则，也许在某一个具体的个案中会实现实体正义，但却有可能招致更为危险的后果，任何一位无辜的公民都有可能受到不当的刑事处罚。法律本身就是司法者适用法律，充分发挥其智慧进行利益衡量与平衡的利器，程序正当能够为公正地适用法律

---

① 我国《刑事诉讼法》第35条规定："犯罪嫌疑人、被告人因经济困难或者其他原因没有委托辩护人的，本人及其近亲属可以向法律援助机构提出申请。对符合法律援助条件的，法律援助机构应当指派律师为其提供辩护。犯罪嫌疑人、被告人是盲、聋、哑人，或者是尚未完全丧失辨认或者控制自己行为能力的精神病人，没有委托辩护人的，人民法院、人民检察院和公安机关应当通知法律援助机构指派律师为其提供辩护。犯罪嫌疑人、被告人可能被判处无期徒刑、死刑，没有委托辩护人的，人民法院、人民检察院和公安机关应当通知法律援助机构指派律师为其提供辩护。"

② 参见吴英姿：《关于法律解释的程序思维》，载《理论探索》2020年第6期。

提供公平的土壤，程序法上的违法就好比有毒的土壤，作为源头的土壤被污染就不会结出公平正义的果实。

被称为世纪审判的“辛普森案”①，就是在实体证据存疑的前提下，法院遵循程序法规定，最终对辛普森作出无罪判决。辛普森是美国著名的橄榄球运动员，辛普森的前妻妮可·布朗·辛普森死于1994年的一天深夜。检控方向法庭出示能够指控辛普森有罪的相关证据达488件之多，物理性的证据以及其他科学的证据都直接指向辛普森是杀人犯。而辛普森聘请的辩护律师着重从程序性规定抓住侦查机关的多处侦查漏洞，揭露控方证据的瑕疵、漏洞、破绽，使控方的指控无法达到足够、充分的证据证明标准。控方指出，侦查机关调取到多数能够指控辛普森涉嫌犯罪的证据，例如凶杀现场发现两处辛普森的血迹，现场提取到辛普森的毛发，侦检方在辛普森的住宅内以及车内发现被害人的血迹，并在其家中发现一只血手套，与案发现场发现的血手套是同一套，两只血手套上都有辛普森以及死者的血迹。但是，辩方指出案件存有

① 美国“辛普森案”基本案情：辛普森案发生于1994年的美国，运动明星辛普森被指控杀害前妻妮可与妮可好友高曼的案件。辛普森生于1947年，曾是著名橄榄球运动员，后成为影视和广告明星。1977年，辛普森认识了女友妮可，并在1985年与她结为夫妻。然而，婚后二人的关系逐渐出现裂痕，最终在1992年，二人结束了这段婚姻关系。1994年6月12日深夜，在美国洛杉矶一栋豪华别墅内发生一桩血案，在一住宅门前发现两具血淋淋的尸体。女死者被证实是妮可·布朗·辛普森，是美国著名橄榄球运动员辛普森的前妻，其身后是餐馆的侍生郎·高曼。两人浑身血痕，而且是被利器割断喉咙而死，死亡时间是当天22时许。参见李思斋：《结果“正义”就够了吗——由“辛普森案”引发的思考》，载《青少年法治教育》2020年第10期。

多处疑点：警方携带辛普森的血样在案发现场停留长达3个小时之久，辩方认为现场提取的辛普森的血迹，很有可能是警方为“安置”证据而留下的；白色袜子上的血迹有若干可疑之处，警方在辛普森家中发现的那双袜子上的血液痕迹颇为奇怪，一只袜子上两侧血痕形状完全一样，辩方提出如果穿着这双袜子作案，则两侧血痕不应当相同，因此只能说明血液极有可能是从这只袜子的一侧渗透至另一侧，袜子并不是穿在行为人的脚上，显然有“安置”罪证的嫌疑。警方从辛普森身上抽走8毫升血液作为检验样本，但是根据有关使用记录，所有的检验只用了3毫升血液，而现在试管中还存在3.5毫升血液，那么，剩下的1.5毫升血液也很有可能被警方伪造证据而使用。而负责辛普森案件的侦查人员福尔曼警官，素来就有无视法律程序、漠视黑人权利的倾向，反映出一种极强的种族偏见。福尔曼警官承认，他曾在没有合理理由怀疑他人作案的情况下实施逮捕，使用非法证据，漠视法律程序，殴打疑犯以便强取口供，诬陷栽赃黑人的执法情形。因此，辩方精准指出由于警方纪律涣散、取证程序不规范，导致收集物证过程中多数物证被污染，案件证据中存在的疑点使陪审团及法官对证据产生怀疑，最终法院判决辛普森无罪。被称为世纪审判的“辛普森案”，就是因取证程序违法导致关键证据被排除的典型案例。案件作出判决之后，美国83%的民众认为辛普森是有罪的，但是又有90%的美国民众认为法院的判决是适当的。陪审团内的几名黑人陪审员说，检方证据虽多，但很难让人信服。比如那副血手套，辛普森很难戴得上；警方在犯罪现场拍摄的录像表明，采集的血迹和证据受到了严重污染；辛普森的吉普车中有血迹，但血迹却极少，而如果辛普森连杀两人，车里应该有更多血液痕迹；警方的证人包括福尔曼和另一名警官的证词令人生疑。因此，辛普森是警方工作失误或有意陷害的无辜者。陪审团中的两名白人之一，一位61岁的退休妇女艾欣巴克说，她内心确认辛普森有罪，但检方提供的证据并不足以证明辛普森就是杀人凶手，而且又有种族主义分子福尔曼的卷入，这最终促使她赞成判决辛普森无罪。因此，坚持程序正义原则，一方面应当确保裁判者遵循证据规则保持立场中立，确保正义的可视性；另一方面应防止国家权力的滥用，妥当适用非法证据排除规则。程序性思维能够有效限制强大的国家权力滥用，防止其任意侵害公民的自由。

我国的刑事司法理念曾有重实体、轻程序，重打击、轻保护的倾向。从美国“辛普森案”中可以看出，应当坚持“疑罪从无原则”，在刑事诉讼中保障犯罪嫌疑人权利，通过程序公正实现刑事司法的人道性。我国司法实务中发生的重大错案，如“佘祥林案”“呼格吉勒图案”“张玉环案”等，与长期存在的重实体、轻程序的司法理念密切相关。尤其以“张玉环案”为典型，张玉环入狱26年终被无罪释放，是迄今为止被羁押时间最久的申冤者。1993年10月24日，江西某地有两名儿童被杀害，张玉环被警方定为犯罪嫌疑人，同年的11月3日、4日张玉环作出了全案仅有的两份有罪供述，在一审庭审过程中，张玉环坚持这两份有罪供述是公安机关刑讯逼供所取得的且在一审庭审中没有律师为张玉环辩护。案件经过两审终审，法院最终认定案件基本事实清楚，判决张玉环犯有故意杀人罪，判处其死刑缓期二年执行。入狱之后，张玉环每周都会坚持写信申诉，寄出的申诉文书高达数千封之多，2020年8月4日，江西省高级人民法院对张玉环案再审宣判,以原审判决事实不清证据不足为由,判决张玉环无罪。截至张玉环被宣判无罪之日,他已经被羁押了9778天。无罪释放后,张玉环在接受记者采访时称,自己曾遭到公安机关刑讯逼供,手段令人无法忍受。面对强大的司法权力,秉持程序性思维、恪守非法证据排除规则、坚持疑罪从无原则,对于处于弱势地位的犯罪嫌疑人、被告人而言至关重要。正如英国法学家特纳所言:"在人们眼里,一个无辜的人被定罪,无论如何都是一场巨大的灾难。"①因此,重视程序性思维、尊重程序正义有利于司法的正本清源,确保无罪的人不受法律追诉。

第二节

程序性思维适用法律的实务构建路径

我国已进入轻罪时代,司法机关应减少逮捕适用、审慎提起公诉、严格限制审前羁押。可通过以下实务路径落实程序性思维:规范化适用刑

① 薛力、王奉民:《略论中西刑事法律文化的若干差异——"佘祥林案"与"辛普森案"的对比和启示》,载《企业家天地(理论版)》2007年第6期。

事证据规则、重构认罪认罚从宽制度、探索扩大不起诉适用范围。

一、规范化适用刑事证据规则

案件事实的认定以证据为基础,构成案件事实的每一个情节、每一个要素都需要有明确的证据予以印证。证据在任何诉讼制度中都是最重要、最基础的,可以说,证据是法治的基石。① 案件的法律事实往往不完全等同于客观事实,我们理想的状态是二者完全统一。因此,准确认定案件法律事实,遵循证据调取、证据质证与证据认证规则就显得尤为重要。遵循刑事证据的逻辑规则,应当按照取证、举证、质证和认证的证明过程规范化适用证据。② 同时,重视证据规则中非法证据排除的法律适用,坚持疑罪从无。

(一)取证、举证、质证和认证证明过程的规范化

证明程序由取证、举证、质证和认证四个环节构成,各环节实施均须遵循法定程序。依据法定程序经过调查之后的证据才具有证据能力,才能作为认定案件法律事实的基础,这是证据裁判原则的规范性意义。③

首先,刑事诉讼取证阶段是指侦查机关调取证据的环节。我国的刑事诉讼法对于侦查机关调取证据的程序规定了详细的取证规则,比如:

---

① 吴洪淇:《〈刑事诉讼法〉"证据章"的体系化重塑——以《刑事诉讼法》再修改为背景》,载《当代法学》2024 年第 4 期。

② 参见樊迪:《〈刑事诉讼法〉再修改中"证据章"重构——以大陆法系国家为主要参照》,载《证据科学》2024 年第 5 期。

③ 参见[日]田口守一:《刑事诉讼法》(第 7 版),张凌、于秀峰译,法律出版社 2019 年版,第 437 页。

询问证人或受害人、制作现场勘查笔录时均应当有2名办案人员在场；讯问未成年犯罪嫌疑人时，应通知其法定代理人在场等。

尽管我国刑事诉讼法及其相关司法解释对证据的调取规定了较为详尽的法律规定，但在实际操作中仍存在很多问题。比如在办理交通肇事类案件中，公安机关交警大队出具的交通事故认定书是成立犯罪的重要依据，交通事故认定书根据事故中各方的过错程度进行责任划分，而在庭审举证中，其往往作为鉴定意见进行出示。我国《刑事诉讼法》中的鉴定意见是要求具有鉴定资质的机构和鉴定人依据法定鉴定程序、方法出具。公安机关交警大队作为具体交通事故的侦查主体，同时又是交通事故认定书的制作主体，明显具有职能冲突之嫌。最高人民法院于2021年颁行的《最高人民法院关于适用〈中华人民共和国刑事诉讼法〉的解释》第100条及第101条确定了“专门性问题报告”和“事故调查报告”的证据资格，这满足了司法实务界的迫切需求。① 再如在物证的收集方面，物证调取在司法实务中的突出性问题表现在证据在收集、提取、移送、流转过程中极易发生污染、被更换、隐匿等失真问题，为避免此类问题发生，侦查机关有必要承担举证责任，确保物证从调取到递交法庭的整个流转过程中保持同一性。② 笔者办理过因血液调取流程不合规导致血样被污染的案例，这种污染直接影响血液的鉴定结果，使醉酒驾驶罪的认

---

① 吴洪淇：《〈刑事诉讼法〉“证据章”的体系化重塑——以《刑事诉讼法》再修改为背景》，载《当代法学》2024年第4期。

② 参见陈瑞华：《刑事证据法的理论问题》（第2版），法律出版社2018年版，第248页。

定缺少重要证据，最终检察机关因证据不足作出不起诉决定。在这起醉酒驾驶案件中，血液取样的鉴定人员在为驾驶人员抽血过程中，违规使用碘酒对驾驶人员右臂进行消毒取血，直接导致血液中酒精含量的结论失真。2016年最高人民法院参与制定的《办理毒品犯罪案件毒品提取、扣押、称量、取样和送检程序若干问题的规定》以及2023年颁行的《关于办理醉酒危险驾驶刑事案件的意见》中都对毒品、血液的取证过程进行了专门的规定。取证阶段是刑事证据具有证明能力的第一步，关系到证据能否作为认定案件事实的依据，因此，取证行为规范化是证据成为定案依据的重要环节。

其次，举证阶段是指承担刑事案件举证责任的公诉机关或者案件当事人向法庭出示证据的环节，其特点是各自举证，没有辩论及对抗。我国《刑事诉讼法》及其司法解释对证据出示均有明确的法律规定，比如，据以定案的证据应当是以原件出示，无论是书证、物证还是其他种类的证据，原则上均要求以原件形式出示，这也被称为最佳证据规则。但是法律也规定了例外情形，只有原物不便搬运、不易保存或者依法应当由有关部门保管、处理或者依法应当返还时，才可以递交照片、录像或者复制品。再如，鉴定意见作为刑事诉讼证据，须符合法律规定的形式要件；①法庭认为必要时，鉴定人应当依法履行出庭作证义务。

---

① 《最高人民法院、最高人民检察院、公安部、国家安全部、司法部关于办理死刑案件审查判断证据若干问题的规定》第23条第6项规定："鉴定意见的形式要件是否完备，是否注明提起鉴定的事由、鉴定委托人、鉴定机构、鉴定要求、鉴定过程、检验方法、鉴定文书的日期等相关内容，是否由鉴定机构加盖鉴定专用章并由鉴定人签名盖章。"

再次，质证阶段是指对证据提出意见的阶段，其特点就是对质与对抗。我国《刑事诉讼法》第 61 条规定："证人证言必须在法庭上经过公诉人、被害人和被告人、辩护人双方质证并且查实以后，才能作为定案的根据。法庭查明证人有意作伪证或者隐匿罪证的时候，应当依法处理。"2021 年 1 月 26 日《最高人民法院关于适用〈中华人民共和国刑事诉讼法〉的解释》第 71 条规定："证据未经当庭出示、辨认、质证等法庭调查程序查证属实，不得作为定案的根据。"

【案例】某检察院向法院提起公诉，指控被告人刘某犯有受贿罪。法院一审判决被告人刘某受贿罪名成立，判处有期徒刑 13 年。被告人不服，提起上诉，二审法院公开开庭审理了此案。在审理过程中，辩护人通过查阅一审检察机关移送给法院的案卷材料，发现了两份重要的证据没有在一审审理中当庭出示，也没有进行当庭质证。但是，一审法院开庭结束后，检察机关却将这些证据连同案卷全部移送给一审法院，该法院将上述证据引用在判决书中，并将其作为据以认定被告人刘某犯有受贿罪的重要证据。二审法院经过审理，作出终审裁定，撤销一审判决，发回重新审理。①

在该案中，二审法院发回重审的主要原因之一，是据以定罪的两份重要证据未经当庭质证，而是直接将检察机关移送的证据材料引用在判决中。一审法院的这种做法明显违背了我国《刑事诉讼法》第 61 条规定

① 参见陈瑞华：《程序性制裁理论》，中国法制出版社 2010 年版，第 6 ~7 页。

的证据需要质证的法律规定以及《最高人民法院关于适用〈中华人民共和国刑事诉讼法〉的解释》第71条的规定。

质证是对当庭出示证据的真实性进行检验，是法庭调查阶段的重要内容，同时也是当事人对不利于自己证据进行质疑、辩驳的权利。① 质证阶段主要围绕证据的客观性、真实性和关联性开展，各个不同种类证据的质证也有各自不同的侧重点。比如鉴定意见的质证主要是围绕鉴定机构以及鉴定人的资质情况，检材的来源，鉴定的程序、方法、分析过程等鉴定规程和鉴定方法等方面开展。司法实践表明，鉴定意见具有天然的不可靠性，存在很大的风险，需要强化对其适用的审查。② 再如，电子证据的质证重点主要是电子数据合法性的问题，随着数字化在各个领域的普及，越来越多的刑事案件涉及电子数据的取证。在办理电信诈骗类刑事案件中，电子数据发挥着重要的证明作用。但是，侦查机关在电子证据调取过程中，往往忽视数据合法性的问题，因此，电子数据类证据的质证重点在于核实执法行为是否侵犯公民隐私权，是否对公民基本权利造成不当干涉。

最后，认证阶段是审判机关综合审查判断证据的过程，"审查证据的证明效力，确认其是否可以作为定案的依据"。③ 证据的认证需要考量证据的关联性、客观性、真实性等因素，辨别证据真假、去伪存真；认证的过

① 参见张保生主编：《证据法学》（第4版），中国政法大学出版社2023年版，第276页。

② 参见左卫民、官胜男：《刑事错案与鉴定意见：复杂关系的实证考察》，载《华东政法大学学报》2022年第3期。

③ 何家弘：《证据的采纳和采信——从两个证据规定的语言问题说起》，载《法学研究》2011年第3期。

程还应当符合逻辑规则，尊重经验法则。

【案例】在一起刑事案件中，公诉机关需要证明以下案件事实：被告人于某日晚九时许，在被害人家中将被害人杀害。指向被告人实施杀人行为的证据主要是以下两份：一是案发当晚，一位在被害人住宅附近散步的证人提供的书面证言，证明他看到被告人当晚8点45分进入被害人家中；二是对被害人尸体的检验报告，显示被害人右手食指的指甲缝里，有少许被告人的皮肤组织。①

针对以上两份证据的认证，首先，应当从证据的关联性、客观性和真实性进行评判。审查以上两份证据是否符合《刑事诉讼法》要求的法定形式，亦即证据是否是原件，调证主体是否适格，调取的程序是否合法，证据的内容是否真实，证人与当事人是否具有利害关系。其次，应当判断证据的证明力，亦即各份证据之间是否具有内在联系，证据与待证情况是否具有关联性。② 只有经过以上两个环节审查核实的证据，才能作为定案的依据。

取证、举证、质证和认证的流程，均应当依据法定程序开展，只有依据法定程序经过调查之后的证据才具有证明力和证据能力，才能成为认

---

① 参见张保生主编：《证据法学》（第4版），中国政法大学出版社2023年版，第294页。

② 《最高人民法院关于适用〈中华人民共和国刑事诉讼法〉的解释》第139条规定："对证据的真实性，应当综合全案证据进行审查。对证据的证明力，应当根据具体情况，从证据与案件事实的关联程度、证据之间的联系等方面进行审查判断。"

定案件法律事实的基础。

（二）非法证据排除规则的法律适用

定案证据须经过取证、举证、质证和认证等法定流程，方可作为合法证据被采纳。“证据的采纳对于所有法律制度的构建和运行都是至关重要的，所以其反面即证据的排除，对一个法律制度来说也是缺一不可的。”①

非法证据排除的主要目的是确保法律事实认定的准确性，保障程序公正和当事人合法权益。近年来，我国高度重视非法证据排除规则的司法适用，颁行了专门性的司法解释，将采用刑讯逼供等非法手段取得的言词证据认定为非法证据，不得作为定案的根据。以刑讯逼供取得的言词证据，其取证手段严重侵犯了被取证人的人身权利和宪法权利，违背了正当程序，通常带有极强的虚假性，是发生虚假错案的根源。因此，我国相关司法解释明确将此类言词证据作为应当依法排除的非法证据。这正如意大利法学家贝卡利亚所说：“难道还有什么样的讯问能比施加痛苦的刑讯更富有提示性吗？”②我国古人亦有云：“棰楚之下，何求不得。”纵观近年来发生的冤假错案，多数案件是由刑讯逼供所引发。比如昆明的杜培武故意杀人案、上海徐叶松故意杀人案都充分说明了完善非法证据排除规则的重要性。

2024 年最高人民法院、最高人民检察院、公安部、国家安全部、司法

---

① ［美］罗纳德·J. 艾伦：《排除证据的困难》，郑飞、强卉译，载《证据科学》2012 年第 6 期。

② ［意］切萨雷·贝卡利亚：《论犯罪与刑罚》，黄风译，北京大学出版社 2008 年版，第 27 页。

部联合发布了《办理刑事案件排除非法证据规程》，该非法证据排除规程是我国刑事诉讼制度的重大进步，该规程增设了很多新的规范制度。例如，新的非法证据排除规程增设了检察机关对于重大刑事案件侦查终结前的讯问合法性核查制度，该制度强化了检察机关法律监督的职责，是检察机关侦查监督职责具体化的体现。又如，该规程将申请排除非法证据作为应当召开庭前会议的法定事由。参与性原则是程序公正的重要原则之一，只要被告人提出非法证据排除的申请，法院就应当组织召开庭前会议，并保证被告人有充分的话语权，这也是程序正义的体现，"被告人参与庭前会议以解决非法证据排除问题，裁判结果的正当性和权威性也会得到人们的普遍认同"。① 再如，该规程还增加了对重大刑事案件应当制作讯问合法性核查意见书和排除非法证据结果告知书的规定，通过规范法律文书的制作，将讯问合法性核查制度落实到书面程序中，强化了制度的规范性。

为保障在司法实务中有效运用非法证据排除规则，首先，应当严格监督侦查机关言词证据取证过程，实行全程录音录像制度，强化检察机关监督机制。其次，还应当保障辩护律师的会见权、阅卷权、在场权和程序性辩护的权利等，使律师能够有效介入侦查、审查逮捕、起诉等刑事诉讼环节，从而保障犯罪嫌疑人、被告人的合法权益不受侵害。最后，还应当改变"重打击、轻保障"的思维观念，改变当前公检法机关的配合制约关系，②积极推进"以审判为中心"的刑事诉讼制度，强化司法机关刑事

① 韩阳：《被追诉人的宪法权利》，中国人民公安大学出版社 2007 年版，第 203 页。

② 参见韩旭：《非法证据排除新规的进步与不足——新"非法证据排除规程"评析》，载《法学杂志》2025 年第 1 期。

诉讼程序的控制权,建立健全司法审查机制,确保审判机关在非法证据排除方面拥有真正独立的权力,能依法作出独立公正的判决。

(三)“疑罪从无”的实务适用

刑事诉讼的证明责任分配,实行的是“无罪推定原则”和“不得自证其罪”的原则,证明责任由检控方承担,被追诉者一般不承担证明责任。无罪推定原则是现代刑事法治的一项基本原则,也是刑事诉讼制定和推行的最低标准之一,“只要不能断定犯罪嫌疑人、被告人已经侵犯了给予他公共保护的契约,那么社会就不能取消对他的公共保护”。① 无罪推定原则包含四个方面的含义,其中,“疑罪从无原则”就是无罪推定最为重要的内容之一,即当刑事案件发生疑难时,应当作出有利于被追诉一方的解释。②

当法官裁判刑事案件遇到真假难辨的实然性疑案时,由于受制于“不得拒绝裁判”的强制性司法规则,法官必然会面临裁判规则的内在强制与案件事实存疑的双重压力,③“疑罪从无原则”理论能够为刑事诉讼提供程序性正当裁判的指导,也能够为司法实务处置疑案提供具有信服力的依据。详言之,当检控方对刑事案件事实的证明达不到事实清楚、证据确实充分,排除一切合理怀疑的程度之时,法院应当作出指控的犯

---

① [意]切萨雷·贝卡利亚:《论犯罪与刑罚》,黄风译,北京大学出版社 2008 年版,第 35 页。

② 参见张保生主编:《证据法学》(第 4 版),中国政法大学出版社 2023 年版,第 351 页。

③ 参见郭华:《我国疑罪从无的理论省察及规则重述》,载《政法论坛》2021 年第 1 期。

罪不能成立、被告人无罪的判决结果,也就意味着检察机关的指控不能成立。

“疑罪从无原则”在我国司法实践中,从冤假错案的防范到纠正个案错判上都发挥了重要作用。比如,安徽省杨德武故意杀人案,安徽省高级人民法院经审查认为杨德武故意杀人罪的事实不清、证据不足,最终依法宣告杨德武无罪。再如,河北省石家庄市的聂树斌故意杀人罪、强奸罪一案中,最高人民法院在再审案件中认为,“原判据以定案的证据没有形成完整锁链,没有达到证据确实、充分的法定证明标准,也没有达到基本事实清楚、基本证据确凿的定罪要求。原审认定聂树斌犯故意杀人罪、强奸妇女罪的事实不清、证据不足”①。该案再审同样依据“疑罪从无原则”作出了无罪判决。

“疑罪从无原则”的适用主要体现在以下几种情形,一是刑事案件的证据及事实存在真伪不清的状态,认定犯罪嫌疑人、被告无罪的可能性无法排除,有罪认定与无罪认定均存在可能性;二是案件承办人对犯罪嫌疑人、被告人有罪或者无罪的心证尚未形成,存在无罪心证的可能性;三是案件承办人无法排除无罪的合理怀疑,在案件认定中适用一种错误配置型裁判的方式。“疑罪从无原则”适用规则如下:一是当刑事案件的认定出现证据真伪不明、是非难以判定的情形时,基于保障被告人人权及维护司法公信的需要,应当作出疑罪从无的判决。二是在再审程序中,因新证据的出现或者某种情势发生变化,原审案件认定的事实发生根本性转变,案件证据无法排除合理怀疑时,也应当按照疑罪从无原则

① 参见中华人民共和国最高人民法院刑事判决书,(2016)最高法刑再3号。

判决无罪。三是在特殊情形下，如果证据没有达到定罪标准，但是被告人认罪认罚，且案件事实高度指向被告人时，可以适用从轻处理原则。①笔者曾经办理过一起“锅炉房内”故意杀人案件，现有证据仅能够证明被告人与被害人同时进入案发现场，而后被害人没有再从案发现场出来。二人因工作关系产生矛盾。能够证明被告人实施杀人行为的直接证据仅有被告人供述。被告人多次详细且稳定地供述了杀害被害人的过程，但是侦查机关未能在锅炉残渣中发现被害人的身体组织等物证。案件诉至法院后，经过多次联席会议以及研判，法院以“疑罪从轻”的原则判处被告人有期徒刑18年。

二、实质化适用认罪认罚从宽制度

认罪认罚从宽制度自2019年全面适用以来，司法机关通过在侦查阶段适用、注重案件社会危险性评估以及实质化起诉裁量权等手段，使该制度在提高诉讼效率、节约司法资源、减少社会对抗等方面发挥了积极的作用。

（一）认罪认罚从宽制度在司法实务适用中存在的问题

1. 构罪即捕理念严重

认罪认罚从宽制度自2019年全面适用以来，在优化司法资源配置、强化人权司法保障、落实宽严相济、促进司法公正等方面均起到了积极的作用。认罪认罚从宽制度自实施以来，以内蒙古自治区为例，适用比

---

① 参见郭华：《我国疑罪从无的理论省察及规则重述》，载《政法论坛》2021年第1期。

例自2019年起持续上升，2021年1～10月全区的适用率已达86.38%。但是在司法实务中，大量适用该制度的刑事案件仍存在服判息诉效果未达预期的问题，且构罪即捕倾向严重。

以内蒙古自治区呼和浩特市、赤峰市、通辽市三地两级检察机关2019年6月至2021年6月两年间捕后轻刑案件为样本进行汇总分析，发现：对于最终在审查起诉阶段能够适用认罪认罚的刑事案件，其办理过程往往将批准逮捕作为必经阶段，导致诉前羁押率偏高，逮捕社会危险性分析形同虚设，构罪即捕倾向严重。以三地两级检察机关捕后轻刑案件中受案数占比最高的盗窃罪为例：呼和浩特市两级检察机关办理的83名捕后轻刑盗窃罪犯罪嫌疑人，均在庭审中如实供述了本人的犯罪行为，其中64人在审查起诉阶段做认罪认罚；赤峰市两级检察机关办理的211名捕后轻刑盗窃罪犯罪嫌疑人，均在审查逮捕阶段如实供述了本人的犯罪行为；通辽市两级检察机关办理的50名捕后轻刑盗窃罪犯罪嫌疑人，均在审查逮捕阶段如实供述了本人的犯罪行为。

通过分析发现，导致捕后轻刑案件发生的根本原因在于未能有效理解、落实宽严相济刑事司法政策，未能在刑事案件中实质化适用认罪认罚从宽制度。绝大多数捕后轻刑案件，行为人在审查逮捕阶段均供述稳定，且在审查起诉阶段均能够适用认罪认罚从宽制度，这类犯罪嫌疑人、被告人大多数均无逮捕羁押的必要，减少诉前羁押具有可行性。以往的办案重心主要关注行为人是否构成犯罪，一旦认为构成犯罪，则倾向于采取逮捕措施，这成为一种惯性做法。随着法治理念与权利意识的明显增强，个人本位的法律观逐渐确立，以权利为本位的法理念深入人心①，公众普遍更期待刑事案件以更有利于人权保障的方式进行，羁押是否合适、是否必要愈受关注，因此，少羁押慎逮捕成为回应人民群众的新需求。在侦查阶段，行为人认罪认罚、案情简单清晰的刑事案件，批准逮捕并非刑事案件的必经程序，检察机关作为认罪认罚从宽制度的主导司法机关，应当建议侦查机关可以通过直诉，实质化适用认罪认罚从宽制度，以简化案件刑事诉讼流程，减少捕后轻刑案件的数量。通过实质化适用认罪认罚从宽制度，有效发挥程序法的优势作用。

2. 制度适用欠缺稳定性

认罪认罚从宽制度自试点地区开始全面适用以来，在优化司法资源配置、强化人权司法保障、落实宽严相济、促进司法公正等方面均起到了积极的作用。但在适用的过程中，经常出现被追诉人在审查起诉阶段主动认罪认罚，在正式庭审中却改变以往的有罪供述，甚至出现在一审庭审中作无罪供述，二审庭审中却积极主张认罪认罚；尽管认罪认罚从宽制度在案件的适用范围上占比较高，但上诉案件、无罪案件、不捕案件及不起诉案件的复议复核仍占比较高。

在域外的司法实践中，辩诉交易多在诉前以及诉讼过程中进行，辩诉交易作为一种案件分流的手段，将85%～90%的案件纠纷解决在审查起诉阶段以前，将剩下的10%～15%的案件诉诸法院正式审理。美国的诉辩交易主体是检察官与辩护律师，法官不干涉，交易的后果是案件不进入正式审判，直接进入量刑程序，控辩双方一旦达成协议，法官不对案

① 参见张明楷：《刑法的基本立场》（修订版），商务印书馆2020年版，第95页。

件进行实质性审判，只做形式上的确认。[①] 从辩诉交易的时间阶段分析，美国、英国、意大利都是在诉前阶段进行，加拿大和德国是在诉前及诉讼中的阶段进行。[②] 辩诉交易的时间点多数是自侦查阶段开始至庭审结束之前这一时间段内。所以，域外的诉辩交易制度只是诉讼程序上的确认，法官不参与案件的实体审查，一般不会发生上诉、无罪等情况，但在我国的认罪认罚从宽制度中，仍然存在上诉案件、无罪案件等问题，针对认罪认罚从宽制度适用过程中存在的诸多实务问题点，有必要探索将该制度前移至侦查阶段，从案件源头加大适用认罪认罚制度，以保障案件最大限度地实现正义价值。

（二）认罪认罚从宽制度实质化适用的路径

1. 侦查阶段适用认罪认罚从宽制度实务路径探究

在现行法律体制的框架之内，结合实务现状，充分利用好检察机关提前介入机制，最大化发挥驻所检察室的引导、监督职能，尝试在侦查阶段推进认罪认罚从宽制度的试行。

首先，对于符合以下条件的轻微刑事案件，可探索侦查阶段认罪认罚从宽处理：（1）法定最高刑为 3 年以下有期徒刑，且已经达成刑事和解；（2）法定最高刑为 3 年以下有期徒刑，或者无受害人的轻罪、微罪案件。检察机关与公安机关建立联席联动机制，由检察机关速裁部门或者

---

① 参见俞飞：《辩诉交易：美国检察官如何与被告方讨价还价》，载《方圆》2020 年第 9 期。

② 参见孙晨博：《辩诉交易制度在侦查阶段的适用研究》，载《辽宁警察学院学报》2020 年第 3 期。

驻所检察室的检察员提前介入侦查，在确保犯罪嫌疑人认罪认罚真实自愿，且经辩护律师提供充分法律意见后，可在侦查阶段签署认罪认罚意向书。公安机关将案件移送至检察机关时，应同时提交相对不起诉意见书和认罪认罚意向书。检察机关审查后，可作出相对不起诉决定。

其次，对于法定最高刑为3年以下有期徒刑，但未达成刑事和解的轻刑刑事案件，同样可以在侦查阶段，经由辩护律师提供充分具体的法律意见之后，控辩双方在侦查阶段签署认罪认罚意向书。案件移送至检察机关后，控辩双方签署正式认罪认罚具结书，并由检察机关提出确定性的量刑建议。法院对此类案件以速裁程序审理，对认罪认罚具结书的内容以及量刑建议应当予以认可。速裁程序审理认罪认罚案件的前提是检法两家联合推行这种审判方式，法院在审判时，都会采信检察机关的量刑建议。因此，侦查阶段的认罪认罚意向书以及审查起诉阶段的认罪认罚具结书，法院都应当接受，虽然以速裁形式进入正式庭审，但事实上，庭审在很大程度上具有形式化特征。① 这种速裁程序的庭审模式，有利于认罪认罚制度规范化、实质化，在提高诉讼效率层面实现了实质性效果，可以说是现阶段认罪认罚制度在法院审判阶段的实效性程序渠道。

2. 逮捕阶段实质化审查社会危险性

法理念的基本价值为正义、合目的性与法的安定性。② 刑法不仅是善良人的大宪章，而且也是犯罪人的大宪章。所以，刑法的本质在于限

---

① 参见龙宗智、潘君贵：《我国实行辩诉交易的依据和限度》，载《四川大学学报（哲学社会科学版）》2003年第1期。

② 参见［德］拉德布鲁赫：《法学入门》，碧海纯一译，东京大学出版会1973年版，第33页。

制国家刑罚权，保护包含犯罪人在内的国民免受国家刑罚权的恣意行使。① 我国当前审前羁押存在逮捕措施普遍化，逮捕羁押人数过多，羁押期限过长，捕后“一压到底”等问题，审查逮捕案件实质化审查社会危险性能够充分发挥程序法的制度优势，体现程序法的基本价值，更能够有效限制司法权力。

办理审查逮捕阶段的刑事案件，要求检察人员应同时注重犯罪构成的实体审查与逮捕必要性社会危险性层面的审查，摒弃构罪即捕的陈旧办案理念。以内蒙古三地区 2019 年 6 月至 2021 年 6 月捕后轻刑案件为例，两年间呼和浩特市、赤峰市、通辽市三地捕后轻刑案件数量高达 1117 件，捕后轻刑案件存在的羁押必要性问题多表现为：第一，审查逮捕案件不存在社会危险性，无逮捕必要，如部分捕后轻刑案件在审查逮捕阶段行为人已退赃并取得受害人谅解的；第二，社会危险性较小、可以不批准逮捕，如行为人在审查逮捕阶段主动投案并如实供述，不存在串供、逃跑等《刑事诉讼法》第 81 条规定的社会危险性情形；第三，审查逮捕意见书中无逮捕必要性的社会危险性分析。通过对内蒙古三地捕后轻刑案件的分析，我们发现在审查逮捕案件中忽视程序法制度优势的制约因素主要包括以下三个方面，一是检察人员漠视逮捕羁押的本质——刑事诉讼顺利进行的诉讼保障功能，而更加看重的是逮捕羁押在震慑犯罪、确保追诉成功方面的功效；二是对于《刑事诉讼法》第 81 条规定的逮捕必要性条件的把握不严，构成犯罪只是逮捕的条件之一，还应当重点审查具

① 参见[日]西田典之:《日本刑法总论》(第 2 版)，王昭武、刘明祥译，法律出版社 2013 年版，第 32 页。

有社会危险性方面的证据情况，对于确有证据证明可能发生《刑事诉讼法》第81条规定的社会危险性情形的犯罪行为才是逮捕的必要充分条件，正是由于逮捕必要性中社会危险性的审查把握不严，导致多起事实清楚的简单刑事案件成为捕后轻刑的主力军；三是提请逮捕、审查逮捕、延长羁押期限、羁押必要性审查程序存在浓厚的“行政化”色彩。因此，检察机关在办理审查逮捕的刑事案件，应当注重社会危险性证据的审查，应当将逮捕必要性方面的证据审查与犯罪构成方面的证据审查置于相同的重要性层面，以证据为基础，具体论述案件是否存在《刑事诉讼法》第81条规定的逮捕条件，对于确无证据证明存在社会危险性的轻微刑事案件，应当作出不批准逮捕的决定，减少捕后轻刑案件的数量。同时，还应当对轻刑案件进行羁押必要性审查。

3. 起诉裁量权实质化行使

“慎诉”要求检察机关对符合不起诉的案件，充分适用相对不起诉、附条件不起诉等手段，重视起诉裁量权的行使。充分利用起诉裁量权，对于一些犯罪情节较轻的轻微型刑事案件，将认罪认罚从宽制度与相对不起诉制度相结合，在审查起诉阶段有效分流部分案件，节约司法成本，实现刑法人权保障功能。

最高人民检察院案管办2021年第一季度检察办案数据显示，2021年第一季度，全国检察机关不起诉57,770人，同比上升64.4%，较2019年同期上升85.4%；不起诉率为13.8%，同比增加2.5个百分点；2022年上半年的检察数据也显示，全国检察机关不起诉20.9万人，同比上升55.7%，检察机关作出不起诉决定的案件明显增加。从案件类型看，“慎诉”主要适用于以下案件：未成年人犯罪案件、涉民营企业的刑事案件、适用认罪认罚从宽制度的刑事案件,以及当事人达成和解的轻伤害等轻微刑事案件。我国《刑事诉讼法》第177条规定了相对不起诉制度,“犯罪情节轻微,依照刑法规定不需要判处刑罚或者免除刑罚的,人民检察院可以作出不起诉决定”。这是对于行为已经构成犯罪,但是考虑情节轻微,可以由检察机关作出不起诉的程序出罪处理。

三、扩大附条件不起诉适用范围的司法路径

我国现行诉讼法制度下,附条件不起诉仅适用于未成年人犯罪领域,随着宽严相济刑事司法政策的深入以及恢复性司法理念的贯彻,扩大不起诉的适用范围成为必要和可能。

(一)附条件不起诉制度完善的路径探究

1. 完善立法规定

鉴于认罪认罚从宽制度与未成年人犯罪附条件不起诉在恢复性司法层面具有制度内涵的同源性,可以探索以此两种制度为基础扩大附条件不起诉的范围,并通过立法将不起诉的具体情形和条件加以类型化,以统一标准。①

法学理论界对于附条件不起诉范围扩大化的争论一直存在,有的学者认为,可以将能够被适用缓刑的案件归入附条件不起诉的范围;②还有的学者建议,借鉴德国法的经验,类似于非自诉财产性犯罪、交通类犯罪、高空抛物罪、危险作业罪等轻微型犯罪,以及部分过失犯罪、经济犯

---

① 参见陈卫东:《检察机关适用不起诉权的问题与对策研究》,载《中国刑事法杂志》2019年第4期。

② 参见何挺:《附条件不起诉适用对象的争议问题》,载《当代法学》2019年第1期。

罪等可能被判处1年以下有期徒刑的案件,均可以适用附条件不起诉决定。① 借鉴域外法关于附条件不起诉范围的适用,认罪认罚从宽制度被刑事诉讼法确认,为我国扩大附条件不起诉的适用范围提供了制度支撑。因此,有必要在立法层面,以此制度为基础,进一步细化附条件不起诉的适用范围、可能适用的刑罚标准、考察期限、考察期满后的评估等事项。

2. 完善相应的配套机制

其一,完备救济途径。按照我国现行检察官权利清单的规定,员额制检察官有权对案件作出不起诉的决定,因此,为了能够更加全面保障当事人的权益,使权利的行使能够更加公开化、透明化,实务中可以借鉴我国台湾地区的规定,加强缓起诉相对人权利救济保障制度。② 可考虑将受害人的谅解程度、对受害人的赔偿情况等纳入附条件不起诉的考量因素,附条件不起诉决定权可由分管领导审批、审核,以保障其公平性和透明度。

其二,完善全社会支持体系。在附条件不起诉机制扩大化的适用中,机制运行的有效性离不开社会多方面力量的参与和支持。③ 附条件不起诉案件的当事人在起诉决定作出之前的考察期内,应当借助社会化体系的支持,对行为人的犯罪行为进行纠正与考核。比如,以危险作业罪为例,应当在附条件考察期内对行为人违反安全管理的制度组织系统化学习。再如,以危险驾驶为例,应当在附条件考察期内要求行为人强

① 参见李倩:《德国附条件不起诉制度研究》,载《比较法研究》2019年第2期。

② 参见潘金贵:《台湾地区"缓起诉"制度及其借鉴意义》,载《西南政法大学学报》2006年第4期。

③ 参见宋志军:《附条件不起诉社会支持的深化》,载《国家检察官学院学报》2017年第3期。

化交通法规等方面的学习。因此,应当完善和健全全社会的支持体系,为附条件不起诉制度扩大化适用提供力量。

其三,专业化的人员配置。附条件不起诉的适用往往与特定领域的检察工作相关联,如未成年案件等,因此,应当着重培育案件办理的专业化程度,优化人员的配置机制,提升队伍的整体素能。例如,在办理未成年涉罪案件中,应当重点培育适合未成年案件办理的人员,配备具有社工资格、心理咨询师资质的专业化人员。

(二)认罪认罚案件附条件不起诉的实践可行性路径探究

认罪认罚从宽制度自2018年适用以来,全国范围内一直处于较高的适用比率,根据2022年1~6月全国检察机关公布的主要办案数据显示,认罪认罚从宽制度审结人数占同期审结人数的85%以上,检察机关提出确定刑量刑建议占量刑建议提出数的90%以上,法院采纳人数占同期提出量刑建议人数的95%以上。①

从有效分流刑事案件的效果层面考虑,可以根据案件具体情况,将能够适用认罪认罚从宽制度的刑事案件与附条件不起诉制度相结合,在实务中探索扩大附条件不起诉制度的适用范围。《关于适用认罪认罚从宽制度的指导意见》中也指出,“要完善起诉裁量权,充分发挥不起诉的审前分流与过滤作用,逐步扩大相对不起诉在认罪认罚从宽案件中的适用”。②“可以在实践中探索通过附条件不起诉制度来激励犯

---

① 2022年1月至6月全国检察机关主要办案数据,载《检察日报》2022年7月21日,第2版。

② 苗生明、周颖:《认罪认罚从宽制度适用的基本问题——〈关于适用认罪认罚从宽制度的指导意见〉的理解和适用》,载《中国刑事法杂志》2019年第6期。

罪行为人选择适用认罪认罚,从而获得更为有利的从宽效果”。[①] 在适用认罪认罚从宽制度的同时,还应当坚持树立轻微犯罪合理出罪以及实质化违法性判断的理念。对于情节显著轻微的行为,应当坚持合理出罪,例如,在高空抛物罪中,“高空抛物行为应综合考虑行为人扔下来的物品以及所在楼高来判断其行为的危险性,进而判断情节是否显著轻微,切勿将一般的民事侵权行为也作为刑事犯罪处理”[②]。对于犯罪行为还应当坚持实质化违法性判断,以危险作业罪为例[③],“必须对行为人违反安全管理规定的行为,作是否具有发生重大伤亡事故或者其他严重后果的现实危险的实质认定,切勿仅以违反前置行政法律法规为由推断存在危险,切勿在认定危险犯时以形式判断替代实质判断”[④]。

在司法实务中探索将法定最高刑期为3年以下有期徒刑的侵财类案件与认罪认罚从宽制度相结合,以扩大附条件不起诉制度的案件办理范围。在侵犯财产类案件中,犯罪嫌疑人同意适用认罪认罚且能够得到受害人谅解的轻刑刑事案件,如果行为人涉案当时没有向受害人赔付的能力,可以考虑在刑诉法规定的诉讼期限框架内,适当给予行为人

---

① 郭华:《认罪认罚从宽制度中程序从宽的误试与重述》,载《法学杂志》2021年第5期。

② 徐岱:《论从轻罪到轻犯罪及出罪路径》,载《当代法学》2025年第1期。

③ 在宋某某、李某某危险作业案(河南省新野县人民法院刑事判决书,(2023)豫1329刑初522号)中,行为人虽未取得烟花爆竹的经营许可,但其将烟花爆竹存储于某个远离市集的村落的仓库中,与其他同类案件(将烟花爆竹储存于居民楼、街道门市里)相比,其危险性十分轻微。参见徐岱:《论从轻罪到轻犯罪及出罪路径》,载《当代法学》2025年第1期。

④ 徐岱:《论从轻罪到轻犯罪及出罪路径》,载《当代法学》2025年第1期。

一定期间的给付期限，在期限届满前，行为人能够通过努力挽回受害人的损失，积极向被害人赔付的，检察机关可以对其作出不起诉的决定，以提高认罪认罚适用率，扩大附条件不起诉的适用范围。这样一方面能够使受害人得到赔偿、有效化解社会矛盾，实现控辩双方的积极良性互动，①另一方面也是实质化实现程序优势、提高诉讼效率的有效实务路径。同样，在生产销售伪劣产品等侵犯知识产权类案件中，犯罪嫌疑人能够自愿认罪认罚且主动停止侵害行为，可以为犯罪嫌疑人设定一定期限的考验期，行为人在检察机关设定的考验期内，能够停止侵害行为，积极赔偿受害方的损失，并能够回归至合法的经营模式轨道中，检察机关可以根据考验期内的考核、评估情况，对行为人作出不起诉决定。在实务中，如前所述，为提高附条件不起诉决定作出的公开性及透明度，应当完善、配备相对完善的运行配套机制，比如完善的救济途径，完备的社会支持体系以及专业化办案人员的配置等。通过认罪认罚从宽制度的实质化适用扩大附条件不起诉制度的适用范围，可以有效恢复被犯罪行为破坏的社会关系，从而体现对抗性司法向协商性司法的理念转变。

程序的公平正义能够促进实体的公平正义，使当事人以及人民群众真正感受到司法的公平正义。哪怕是一个实体公正的司法判决，如果不能及时作出，那也是迟到的正义，甚至被认为不是正义。因此，通过在程序法适用层面与时俱进地适用法律，不仅可以彰显程序上的公平正义，而且有利于促进实体上的公平正义。

① 参见陈国庆：《适用认罪认罚从宽制度的若干问题》，载《人民检察》2019 年第 23 期。